Fulgores de gloria

*Las ocho profecías escatológicas
más importantes de la Biblia*

Fulgores de gloria

Las ocho profecías escatológicas más importantes de la Biblia

Ángel Manuel Rodríguez

Asociación Publicadora Interamericana

Belice-Bogotá-Caracas-Guatemala-Madrid-Managua
México, D.F.-Panamá-San José-San Juan-San Salvador-
Santo Domingo-Tegucigalpa

Título de la obra original: *Future Glory: The Eight Greatest End-Time Prophecies in the Bible*

Vicepresidente editorial *Félix Cortés A.*
Traducción: *Benjamín García*
Dirección editorial: *Mario A. Collins*
Diagramación: *Sonia A. Garza*

Copyright © 2002, por
Asociación Publicadora Interamericana
Derechos reservados

ISBN 1-57554-276-5

Asociación Publicadora Interamericana
2905 N. W. 87th Avenue
Miami, FL 33172, E. U. A.

Impreso en los talleres de
Litografía Magno Graf, S.A. de C.V.
Calle "E" No. 6
Parque Industrial Puebla 2000
Puebla, Pue.

Editado por Agencia de Publicaciones México Central, A.C.

PRINTED IN MEXICO

Contenido

Dedicado con amor a
Dixil Lisbet

*Que la bendita esperanza
siga enriqueciendo tu vida por siempre*

Introducción

La incertidumbre acerca del futuro con frecuencia produce temor y desorientación en muchas vidas. Los antiguos intentaron resolver esa angustia existencial desarrollando métodos para predecir el futuro o evitar sus males sospechados. Buscaron la manera de controlar lo desconocido a fin de gozar del presente. Sin embargo, el futuro ha permanecido esquivo.

Nosotros discutimos si la historia tiene un propósito particular o no; si se encamina hacia una meta específica (lo que los griegos llamaban *telos* o fin). Pero incluso quienes tienden a creer que la historia humana tiene un propósito no comprenden claramente la naturaleza de ese *telos*. Probablemente la teoría mejor conocida referente al futuro es una forma de evolucionismo que sostiene que provenimos de las entrañas de la naturaleza y nos dirigimos hacia la plenitud del ser. Pero aun dentro de este contexto somos incapaces de definir la naturaleza de ese desarrollo perfecto.

La Biblia provee una visión del futuro que ha llenado las vidas de millones con una esperanza y expectativa inexpresables. El Dios que nos creó y ha actuado en nuestro favor a través de la historia humana mediante el ministerio de Cristo y su muerte expiatoria en la cruz, está a punto de consumar su obra de redención en una forma y magnitud que la imaginación más fértil no puede visualizar. Es particularmente a través de las profecías *apocalípticas* como Dios nos ha revelado algunos detalles de su amoroso plan para la raza humana.

Características de las profecías apocalípticas

El término "apocalíptico" proviene del nombre del libro de Apocalipsis (*apokálupsis*, "revelación", "quitar el velo") y designa los escritos proféticos con el mismo estilo que dicha obra o que transmiten un mensaje o teología similar. En la Biblia encontramos diferentes tipos de literatura, todos inspirados por Dios. Algunos escritores bíblicos se valieron de historias o narraron la forma en que el Señor guió a su pueblo en el pasado, a fin de fortalecer la fe de sus contemporáneos (ej.: 1, 2 Reyes). Otros comunicaron sus mensajes a través de sermones en forma de poesía (e.g., Isaías 40-66), cantos (Salmos), dichos de sabiduría (Proverbios) o cartas (Romanos). Pero Daniel y Apocalipsis son diferentes por la complejidad de las imágenes y el lenguaje utilizado para recibir y comunicar la revelación divina. Exploremos algunas de las características básicas de las profecías apocalípticas.

1. *Uso de visiones y sueños.* Dios usó los sueños y las visiones para revelar su mensaje a sus profetas (Gén. 28:12-21; 1 Rey. 22:19), pero por lo general ellos simplemente escuchaban su voz hablándoles directamente (Jer. 1:4). En los libros de Daniel y Apocalipsis, sin embargo, las visiones, y en unos pocos casos los

sueños, constituyeron los principales medios de la revelación divina. El Espíritu Santo llevó a Daniel y Juan más allá del mundo ordinario, a una realidad que escapaba de su plena comprensión. Este tipo de revelación enfatizaba el hecho de que lo que los profetas recibían era de una naturaleza sobrenatural no accesible a cualquier otro individuo. El énfasis de las visiones también indicaba que la comunicación era privada entre Dios y aquellos siervos suyos que eran habilitados por el Espíritu para recibirla. Ellos eran agentes escogidos por Dios para fungir como mediadores de un mensaje divino. Las manifestaciones sobrenaturales que a veces acompañaban a la visión confirmaban el origen divino de la revelación ante los ojos de quienes rodeaban a los profetas, infundiéndoles temor en algunas ocasiones (ej.: Dan. 10:7).

2. *Uso abundante de imágenes y lenguaje simbólico.* Esta es obviamente una de las diferencias más notables entre la profecía en general y la profecía apocalíptica en particular. Casi cada escena de las visiones contiene imágenes y lenguaje simbólico extraños: un león alado, un macho cabrío volador con un cuerno prominente, un dragón con diez cuernos y siete cabezas, el sello de Dios, etc. En algunos casos las imágenes son casi excéntricas y difíciles de entender (e.g.: "...de su boca salía una espada aguda de dos filos", Apoc. 1:16; cf. 8:3-5). Esto nos impulsa a explorar la razón del uso tan amplio de símbolos en las profecías apocalípticas. Probablemente Dios los empleó por las siguientes razones.

En primer lugar, los símbolos verbales, visuales, y de muchos otros tipos, *son parte de nuestra vida diaria* al tratar de comunicarnos unos con otros. Por ejemplo, un sonido es un símbolo cuyo significado generalmente está determinado por su conexión con otros sonidos. El sonido "ro" no tiene significado por sí solo, pero cuando se le añade otro sonido, como "pa", inmediatamente le encontramos sentido, porque entonces trasmite una idea particular, es decir, "ropa". Los símbolos nos rodean, y los usamos casi inconscientemente. El Señor usó nuestra estructura humana de la comunicación a fin de alcanzarnos con su mensaje.

En segundo lugar, *un símbolo nos desafía a pensar.* Entre más prominente o dramático sea el símbolo, nos volvemos más curiosos al sentir la necesidad de entenderlo. Por lo tanto, un símbolo nos estimula a buscar el significado que éste comunica. Dios usó el simbolismo apocalíptico para desafiarnos a pasar tiempo con su Palabra, a explorar su significado y a entender el mensaje que él puso en ella para nuestro beneficio.

En tercer lugar, a veces *los símbolos enfatizan la importancia del mensaje que tratan de comunicar.* Parece ser que mientras más inusual sea el símbolo, más vital es el mensaje que intenta expresar. Lo que él necesitaba comunicar era tan importante que no deseaba que lo pasáramos por alto y, por lo tanto, lo subrayó usando diferentes símbolos. Los símbolos apocalípticos tienen como propósito enfatizar el significado y la urgencia de lo que Dios presenta por medio de ellos.

En cuarto lugar, los símbolos no sólo revelan algo sino que también *esconden un significado.* Es necesario que el lector decodifique el símbolo a fin de entender el mensaje. En los países de habla castellana la palabra "ropa" tiene significado porque la comunidad o cultura asocian una idea particular con ella. Pero para una persona de habla francesa "ropa" es tan sólo un sonido. Para quienes se hallan fuera del grupo, el símbolo podría no tener sentido o incluso expresar una idea diferente (ej.: "red", en español designa a un instrumento para pescar, mientras que en inglés es el nombre de un color, "rojo"). Dios usó muchos símbolos que eran comunes en el tiempo de los escritores bíblicos, pero en algunos casos los revistió con significados conocidos solamente por la comunidad de creyentes. De esta forma los protegió de ser atacados por enemigos cuya identidad estaba oculta dentro de los símbolos. Debido a que los símbolos pueden revelar y ocultar algo al mismo tiempo, es importante interpretarlos a la luz del texto bíblico. Es allí donde encontramos el significado que Dios mismo les atribuyó.

3. *Naturaleza incondicional de la profecía apocalíptica.* Muchas profecías bíblicas tienen una naturaleza condicional.* Es decir, su cumplimiento depende en gran medida de la respuesta humana al

mensaje profético. Esto es entendible si recordamos que los profetas funcionaban dentro de un pacto establecido por Dios con Israel. Sus planes para el pueblo israelita estaban directamente relacionados con la fidelidad de ellos al pacto. Por lo tanto, la forma en la que ellos reaccionaran a la relación de pacto condicionaba el cumplimiento de muchas profecías. Por supuesto, a veces los profetas proclamaron profecías incondicionales como, por ejemplo, el papel de Ciro para acabar con el exilio de los israelitas (Isa. 44:28; 45:1-6). La naturaleza incondicional de esta profecía descansa en la presciencia y soberanía de Dios. Las profecías apocalípticas describen el plan universal de Dios para la raza humana y su pueblo; y son, por lo tanto, incondicionales. El soberano Señor de la historia la guía —sin violar la elección o libre albedrío humano— hacia una meta particular; es decir, el establecimiento de su reino eterno sobre la tierra. En consecuencia, la profecía apocalíptica tiene un elemento de determinismo basado en el hecho de que el plan de Dios triunfará a pesar de cualquier oposición.

Por lo tanto, no hay nada condicional en el anuncio de Daniel referente a la venida del Mesías durante las 70 semanas proféticas o en el anuncio profético de los cuatro reinos mundiales seguidos por el reino de Dios. Tampoco son condicionales la profecía del juicio final ni la destrucción de los enemigos de Dios o la salvación de los santos. El Señor ha determinado que esos eventos se realizarán, porque él es el Señor de la historia.

4. *Centralidad del conflicto cósmico.* El concepto de la lucha entre el bien y el mal, o gran controversia, corre a través de la Biblia como uno de sus temas teológicos unificadores. Con frecuencia la Escritura describe a Dios como un guerrero que lucha contra los enemigos de su pueblo trayéndole salvación al librarlo de algún poder opresivo. Este tema llega a ser central en las profecías apocalípticas y se desarrolla de manera universal en lugar de nacional. Las naciones pueden luchar unas contra otras en su búsqueda de la supremacía. Un poder se levanta detrás de otro para cumplir su papel en la arena de la historia humana, ya sea como

instrumento de Dios o del enemigo. Pero la profecía apocalíptica enfatiza su ataque intencional e irracional contra Dios y su pueblo y la necesidad del Señor de vencer a tales fuerzas mediante la liberación eterna y permanente de su pueblo. Esto lo logra a través del Mesías.

La profecía apocalíptica es fundamentalmente mesiánica ya que Dios cumple su plan mediante la obra del Mesías, quien como Rey vence a su enemigo y establece el reino de Dios sobre la tierra. La gran controversia trata de los esfuerzos del Mesías en favor del pueblo de Dios. Él es el personaje definitivo; es el Libertador cuya venida y ministerio de sacrificio y mediación predice la Escritura con asombrosa precisión y detalle (Dan. 9:25-27). La centralidad del conflicto cósmico en la profecía apocalíptica se fundamenta sobre en el hecho de que el Mesías Príncipe es quien enfrenta a las fuerzas del mal, derrotándolas y trayendo la justicia perdurable mediante la expiación de los pecados del mundo (vers. 24).

También es importante notar que la profecía apocalíptica pone énfasis especial en los aspectos finales de la gran controversia y en el ministerio de Cristo en nuestro favor. Tales profecías no sólo describen los logros de Dios a través de la historia sino que se enfocan especialmente en lo que ocurrirá cuando concluya el ministerio de Cristo al final del conflicto cósmico. En otras palabras, el mensaje es para el tiempo del fin (véase Dan. 8:17, 19).

---

* Véase William G. Johnsson, "Conditionality in Biblical Prophecy With Particular Reference to Apocalyptic", en Frank B. Holbrook, ed., *The Seventy Weeks, Leviticus, and the Nature of Prophecy* (Wáshington, D. C.: Biblical Research Institute, 1986), págs. 260-287.

Un vistazo a las profecías apocalípticas

*L*os profetas testifican repetidamente que recibieron mensajes de Dios. Juan describe explícitamente su libro como "la revelación de Jesucristo, que Dios le dio, para manifestar a sus siervos las cosas que deben suceder pronto" (Apoc. 1:1). Tales profecías no se originaron en alguna comunidad religiosa que, oprimida por sus enemigos, trató de escaparse a un mundo de paz y tranquilidad idealizado, aunque irreal, donde sus enemigos ya no estarían. Más bien, su origen divino las invistió de autoridad, desafiándonos a estudiarlas y aplicarlas a nuestra vida personal.

Principios de interpretación

Para estudiar las profecías apocalípticas de

manera apropiada debemos usar cuidadosamente principios de interpretación correctos. ¿Cómo se hace eso? Debemos comenzar con la Biblia misma y todo lo que ésta tenga que decir acerca de cómo interpretar la profecía apocalíptica. Afortunadamente, el texto bíblico provee valiosos principios que guían nuestra interpretación, reduciendo así el peligro de la especulación humana. Algunos de los principios más importantes de interpretación de la profecía apocalíptica son los siguientes:

1. *Comunión con Dios*. Aunque esto puede sonar más como una preparación espiritual personal que como un principio de interpretación, es un elemento indispensable para una comprensión apropiada de la profecía apocalíptica. Cuando Nabucodonosor olvidó su sueño, Daniel y sus compañeros oraron a Dios, quien reveló a Daniel el sueño y su interpretación (Dan. 2:18, 19). Confundido por la profecía de las 2300 tardes y mañanas, Daniel estudió las Escrituras y oró pidiendo iluminación. Un ángel vino y le dijo: "Al principio de tus ruegos fue dada la orden, y yo he venido para enseñártela" (Dan. 9:23).

La comunión con Dios a través de la oración y el estudio de la Escritura es indispensable, porque sólo Aquel que nos dio la profecía puede darnos la interpretación correcta. Debemos esforzarnos para entender las cosas espirituales, "acomodando lo espiritual a lo espiritual" (1 Cor. 2:13); pero esto requiere que entremos en contacto profundo con la fuente de la sabiduría divina. Pablo añade: "Pero el hombre natural no percibe las cosas que son del Espíritu de Dios, porque para él son locura, y no las puede entender, porque se han de discernir espiritualmente" (vers. 14). En el libro apocalíptico de Daniel encontramos al profeta estudiando y pidiéndole a Dios que le diera la interpretación correcta de las profecías. Él es un excelente ejemplo para quienes nos toca vivir en el tiempo del fin.

2. *Perspectiva histórica*. Al interpretar las profecías apocalípticas es necesario entender el punto de vista o perspectiva de la profecía misma. ¿Qué es lo que la profecía quiere lograr? ¿Le escribe el profeta sólo a sus contemporáneos o se refiere la profecía a

generaciones futuras? ¿Cómo podemos saberlo o descubrirlo? Al responder esta pregunta debemos recordar que la Biblia actúa como su propio intérprete. Debemos permitirle al texto bíblico dar su propia respuesta.

Generalmente Daniel quedaba confundido después de recibir una visión o mientras la tenía y era incapaz de entenderla (ej.: Dan. 8:5, 27). En lugar de especular sobre su posible significado, pidió ayuda al ángel intérprete quien proveyó para él y para nosotros la manera correcta de leer tales profecías (Dan. 7:16). El ángel le reveló que ellas contenían el plan de Dios para la raza humana desde el tiempo del profeta hasta el tiempo del fin (cf. Dan. 2 y 7).

En Daniel 2, al comienzo de la interpretación, el profeta le dijo al rey: "Tú eres aquella cabeza de oro" (Dan. 2:38); y al final añadió: "Y en los días de estos reyes el Dios del cielo levantará un reino que no será jamás destruido, ni será el reino dejado a otro pueblo" (vers. 44). Encontramos ese mismo patrón en Daniel 7: "Estas cuatro grandes bestias son cuatro reyes que se levantarán en la tierra. Después recibirán el reino los santos del Altísimo, y poseerán el reino hasta el siglo, eternamente y para siempre" (Dan. 7:17, 18). En otras palabras, las profecías apocalípticas cubren todo el período de la historia desde el tiempo del profeta hasta el momento cuando Dios establece finalmente su reino sobre la tierra. Esto es lo que llamamos método historicista de interpretación. Las profecías de Daniel y Juan no fueron sólo acerca de lo que estaba ocurriendo en su tiempo, sino sobre lo que ocurriría en el fin. Ellas describen el plan de Dios desde la época del profeta hasta la consumación de la salvación al final de la gran controversia. Esta perspectiva histórica particular es indispensable para interpretar correctamente las profecías apocalípticas.

3. *Círculos de visiones.* Las visiones apocalípticas son unidades independientes con su propio mensaje particular. Sería incorrecto leer Daniel 8 sólo como la continuación de Daniel 7. El texto mismo nos informa que Daniel 7 abre y cierra una visión, y que Daniel 8 es, por lo tanto, una visión nueva cuya interpretación se

extiende al capítulo 9. De manera que tenemos dos círculos de visiones. El mismo principio aparece en Daniel 2 y Daniel 10-12.

En el libro de Apocalipsis encontramos varios círculos de visiones, algunos de ellos organizados en un patrón de sietes (siete iglesias, siete sellos, siete trompetas, siete plagas), o alrededor del tema del gran conflicto entre el bien y el mal (Apoc. 12-14). Debido a que ellos son unidades por ellos mismos, no debiéramos leerlos consecutivamente. Mezclar los círculos de visiones e interpretarlos como una larga cadena de eventos que llegan hasta el fin, distorsiona y trastorna el mensaje de cada unidad individual.

4. *Uso de la recapitulación.* Estrechamente relacionado con el anterior, este principio se refiere a las conexiones entre los diferentes círculos de visiones. Aunque cada visión es una unidad independiente, están relacionadas unas con otras de varias maneras. Un estudio de los diferentes círculos de visiones generalmente ayuda al intérprete a entender el propósito particular de la nueva visión a través del uso del principio de recapitulación. Por este término queremos decir, en primer lugar, que las visiones cubren el mismo período histórico; es decir, se mueven desde el tiempo del profeta hasta el fin. Esto lo vimos anteriormente con respecto a Daniel 2 y 7. En ambos casos la visión nos lleva desde el tiempo de Daniel hasta el fin bajo el simbolismo de cuatro reinos seguidos por el reino de Dios. Tenemos en esos capítulos dos relatos paralelos del mismo período histórico. En segundo lugar, a través de la recapitulación el relato paralelo añade nueva información no contenida en el primer círculo de visiones de Daniel 2. Daniel 7 tiene un simbolismo más rico, particularmente con respecto a la cuarta bestia y su cuerno pequeño. Cuando comparamos las diferentes visiones y estudiamos sus paralelismos obtenemos un cuadro más completo del plan de Dios para la raza humana y su pueblo.

En tercer lugar, con frecuencia los círculos de visiones proveen una perspectiva diferente del mismo período histórico. Por ejemplo, el mensaje a las siete iglesias revela el interés de Dios por su pueblo a través de la historia de la iglesia (Apoc. 2, 3); pero las siete trompetas describen sus juicios históricos sobre la humanidad pecadora durante el mismo período histórico. Ambos abarcan desde el principio de la era cristiana hasta el tiempo del fin (Apoc. 8-11). Al estudiar las visiones buscamos no sólo los paralelismos sino también las diferentes perspectivas que cada una de ellas ofrece y cualquier desarrollo adicional de los temas ya presentados en visiones previas.

5. *Símbolos.* Debemos interpretar los símbolos según el uso que se les da en la Biblia, evitando así especulaciones peligrosas y opiniones personales equivocadas. Las profecías apocalípticas frecuentemente proveen el significado de algunos de los símbolos utilizados, pero en otras ocasiones la visión no ofrece ninguna explicación. Por lo tanto, es importante, en primer lugar, poner especial atención al contexto del símbolo en una visión. En Apocalipsis 17:1 la gran ramera se halla "sentada sobre muchas aguas", pero el pasaje no nos informa qué simbolizan las "muchas aguas". Al poner atención especial al contexto nos damos cuenta que el versículo 15 nos da una clave importante: "Las aguas que has visto donde la ramera se sienta, son pueblos, muchedumbres, naciones y lenguas".

En segundo lugar, si el contexto no explica el símbolo, debemos estudiar su uso en otra parte de la Biblia. Generalmente le encontraremos más de un uso o significado a un símbolo. Debemos elegir el que parezca encajar mejor en el contexto de una profecía apocalíptica particular. Debiéramos ser capaces de justificar nuestra preferencia explicando cómo el contexto parece apoyarla. Descifrar símbolos es uno de los aspectos más riesgosos de las profecías apocalípticas, y el intérprete debe estar siempre abierto para hacer correcciones basadas en un mejor entendimiento del símbolo.

6. *Cumplimiento histórico.* ¿Cómo podemos identificar el cumplimiento histórico de una profecía apocalíptica? A fin de responder esa pregunta debemos tener en mente que la profecía apocalíptica provee un bosquejo general de los planes de Dios para la raza

humana y no un mapa detallado de todos los eventos que han de ocurrir en la historia humana. La interpretación que el ángel le dio a Daniel ofrece una guía excelente al buscar el cumplimiento de aquellas secciones de las profecías en las cuales la Escritura no provee claramente un significado. La Biblia misma interpreta los cuatro imperios de Daniel 2 y 7, y ellos proveen el fundamento que nos ayudará a identificar el cuarto reino, su división subsecuente y la imagen del cuerno pequeño.

También debiéramos mantener en mente que la historia de la interpretación de las profecías apocalípticas revela que solamente su cumplimiento nos ha ayudado a entenderlas mejor. Hasta entonces los estudiantes de la Biblia se hallaban luchando con expectativas o interpretaciones contradictorias, pero después que una profecía se cumplía comenzaba a surgir una interpretación más unificada. Por lo tanto, debemos ser muy cuidadosos al interpretar las profecías cuyo cumplimiento todavía es futuro. Nosotros, como adventistas, hemos sido bendecidos con el ministerio profético de Elena de White, a través de quien Dios confirmó el cumplimiento histórico de muchas profecías apocalípticas. Pero incluso en este punto debemos enfocarnos en lo que es claro y no en lo que permanece incierto. A veces la gente la ha usado para apoyar interpretaciones extrañas y absurdas e incluso para fijar fechas aproximadas del regreso de Cristo. Esas son formas inapropiadas de usar sus escritos.

7. *Principio día por año.* Las profecías apocalípticas con frecuencia incluyen referencias a períodos proféticos específicos. En tales casos el término "día" representa un año. El Antiguo Testamento usa el término "días" como una expresión equivalente a "año" más de 850 veces. Por ejemplo, 1 Samuel 27:7 declara: "Fue el número de los días que David habitó en la tierra de los filisteos, un año y cuatro meses"; pero en hebreo dice "días y cuatro meses". En 1 Samuel 29:3 encontramos que la frase "por días y años", que en hebreo es "estos días o estos años", posiblemente significa "un año o dos". Este uso del término "días" por "años" "pudo haberse originado en la idea de la repetición de los días individuales de cada

año el siguiente año, así que los 'días (del año)' podrían representar al año mismo".[1] Las leyes sabáticas emplean el nombre de un día, el sábado, para referirse a un año completo (Lev. 25:2), y en la ley del jubileo Dios les dijo a los israelitas: "...de modo que los siete años sabáticos ["semanas", RVR] sumen cuarenta y nueve años" (vers. 8; NVI). La misma idea aparece en las profecías de juicio en Números 14:34 y Ezequiel 4:6 (cf. Gén. 6:3).

La mente hebrea empleaba los términos "día" y "año" intercambiablemente. Por lo tanto, el Señor usó lo que era natural para los israelitas para expresar simbólicamente largos períodos proféticos. Más adelante mostraremos que los períodos proféticos mencionados en Daniel 8 y 9 contextualmente requieren que los interpretemos usando el principio día por año.[2]

8. *Cristo como el centro*. Cristo debe estar en el mismo centro de cualquier interpretación de la profecía apocalíptica, porque todas ellas se enfocan en su persona, sacrificio y ministerio actual en el santuario celestial en nuestro favor. Toda interpretación debiera contestar la pregunta: ¿de qué manera testifica o señala a Jesús? Daniel muestra claramente que sus profecías se centran en la persona y obra del Mesías. En Daniel 7 el Mesías es el Hijo del Hombre, en Daniel 8 es el Sacerdote, y en Daniel 9 la víctima para el sacrificio. El resto del libro lo describe como el Príncipe del pacto que representa a su pueblo y pelea contra sus enemigos. El libro de Apocalipsis lo describe como el Sumo Sacerdote que obra en favor de su iglesia (Apoc. 1:13), el Cordero (Apoc. 5:6), y el Mediador en los lugares santo y santísimo (Apoc. 8:3, 4; 11:19). Él es también el Hijo que venció al dragón; el Salvador de su pueblo que ganó la victoria sobre la serpiente (Apoc. 12:4-6, 10, 11); el Cordero inmolado desde la creación del mundo (Apoc. 13:8); y Aquel que está en pie sobre el monte de Sión y protege a su pueblo (Apoc. 14:1). Cristo es el Rey de reyes que vence y castiga a todos sus enemigos del tiempo del fin (Apoc. 15-19), y el divino Guerrero (Apoc. 19:11-20:15). Juan lo vio morando con su pueblo en un mundo completamente restaurado a la perfecta armonía con Dios (Apoc. 22:3-5). Los libros de Daniel y

Apocalipsis se concentran en él como el Señor exaltado que intercede por nosotros en el cielo. En el momento en que él termine esa obra, el conflicto cósmico llegará a su fin. Es ese momento glorioso el que las profecías apocalípticas anticipan con gran anhelo y gozo.

---

[1] Ernst Jenni, *"Yom* Day*"*, en Ernst Jenni y Claus Westermann, eds. *Theological Lexicon of the OT* (Peabody, Mass.: Hendrickson Pub., 1997), tomo 2, pág. 536.

[2] William Shea provee más información sobre la base bíblica del principio día por año en *Selected Studies in Prophetic Interpretation* (Wáshington, D. C.: Review and Herald Pub. Assn., 1982), págs. 56-93.

DOS

Daniel 2 y 7: El ABC de las profecías apocalípticas

Daniel 2 y 7 son la columna vertebral de la profecía apocalíptica, ya que introducen su naturaleza, propósito y principales conceptos religiosos. Por lo tanto, el estudio de estos dos capítulos nos dará las claves para interpretar otras profecías apocalípticas de la Biblia. Según veremos, todas estas profecías se apegan al amplio bosquejo profético de Daniel 2 y particularmente Daniel 7. Una comparación entre los dos capítulos revela similitudes así como también diferencias, sugiriendo que el capítulo 7 amplía lo que el capítulo 2 revela previamente. Aunque el simbolismo es bastante diferente, es claro que el mensaje es fundamentalmente el mismo.

Paralelismo

El estudio de Daniel 2 y 7 muestra importantes paralelos entre los dos capítulos y revela que ambos tratan el mismo asunto. La similitud más obvia es el patrón de cuatro reinos terrenales (Dan. 2:37-40; 7:17) seguidos por el reino de Dios (Dan. 2:44; 7:27). Ambas profecías presentan al tercer reino recibiendo autoridad especial (Dan. 2:39, "el cual dominará sobre toda la tierra"; 7:6, "le fue dado dominio") y describen al cuarto reino con más detalle que cualquiera de los demás (Dan. 2:40-43; 7:7, 19, 23). Ambos emplean el símbolo del "hierro" para describir al cuarto reino como un poder particularmente destructivo (Dan. 2:40; 7:7). Y ambas visiones terminan con el establecimiento del reino de Dios sobre la tierra, con lo cual todo reino humano llegará a su fin (Dan. 2:44, 45; 7:14, 27). El quinto reino difiere de los reinos terrenales en que Dios mismo lo establece y en que durará para siempre (Dan. 2:44, 45; 7:27). Siendo que ambas visiones terminan con una descripción del mismo evento glorioso —la irrupción del reino de Dios en la historia humana—, es obvio que los diferentes símbolos usados para representar a los cuatro reinos previos aluden a los mismos reinos históricos en ambos capítulos. Por lo tanto, los paralelismos indican el uso de la recapitulación en Daniel 7, tomando a Daniel 2 como el marco de referencia básico.

La visión de Daniel 7 comienza en el mismo lugar donde se inicia el sueño de Daniel 2 —el imperio babilónico— y abarca el mismo período histórico, llevando al lector hasta el tiempo cuando Dios establece su reino sobre la tierra. El texto bíblico contiene suficientes indicadores como para concluir que Dios empleó el principio de la recapitulación al darle su revelación al profeta Daniel. Al mismo tiempo, confirma el método historicista de interpretación apocalíptica discutido en el capítulo anterior.

Cuatro reinos

Aunque Daniel 2 y 7 mencionan cuatro reinos, sólo identifican explícitamente a uno con una nación histórica específica. Daniel le dijo al rey de Babilonia: "Tú eres aquella cabeza de oro" (Dan. 2:38). En este versículo Nabucodonosor representa al reino que gobierna: el imperio babilónico. Al contrastarlo con la plata, el oro llega a ser un símbolo apropiado para Babilonia puesto que durante el período neobabilónico el oro era 12 veces más valioso que la plata.[1] Daniel 7 describe al primer reino con la imagen de un león alado, una bestia salvaje. Jeremías comparó a los babilonios con un león que deja su guarida para destruir y con un águila que vuela rápidamente y aterroriza a las naciones (Jer. 4:7; 49:22). El paralelismo entre Daniel 2 y 7 no sólo apoya la identificación de la imagen del león con el imperio babilónico, sino también la aplicación de los mismos símbolos a los babilonios en otros libros proféticos.

El profeta define claramente en Daniel 5:28 al imperio que siguió a Babilonia cuando le anunció a Belsasar: "Tu reino [Babilonia] ha sido roto, y dado a los medos y a los persas". La referencia no es a dos reinos diferentes sino a uno, lo cual se declara explícitamente en Daniel 8:20 en la interpretación del símbolo del carnero con dos cuernos. Ese símbolo es paralelo con el oso de Daniel 7 y designa a la misma entidad histórica. El ángel interpretador le dijo a Daniel: "En cuanto al carnero que viste, que tenía dos cuernos, éstos son los reyes de Media y de Persia". Un solo símbolo —el carnero— representa la unión de los medos y los persas en un reino (cf. Dan. 6:8). El nombre histórico del tercer imperio aparece en Daniel 8:21: Grecia. El profeta no da el nombre del cuarto imperio, pero de acuerdo con Jesús, Roma cumpliría el papel del cuarto imperio en la destrucción futura de Jerusalén en el año 70 d. C. (Mat. 24:15, 16).

El paralelismo interno de las profecías apocalípticas de Daniel, el principio de recapitulación, la identificación que hizo el ángel de algunos de los símbolos usados en las visiones, y la información hallada en otras partes de la Biblia, nos proveen una interpretación confiable de esas profecías y sirven como una guía para descifrar otras profecías similares.

Nuevos elementos en Daniel 7

En Daniel 7 no sólo encontramos paralelos con Daniel 2, sino también la introducción de nuevas escenas en el drama apocalíptico, que amplían nuestra comprensión de la visión divina del futuro. Estos elementos incluyen la figura y el papel del cuerno pequeño y la escena del juicio.

El cuerno pequeño

El texto nos da dos detalles importantes que nos ayudarán a identificar al cuerno pequeño con una entidad histórica concreta: primero, el momento en que se hace poderoso; segundo, su función y naturaleza.

1. *Obtención de poder del cuerno pequeño.* Mediante la siguiente información bíblica podemos establecer el momento histórico cuando el cuerno pequeño comienza a ganar poder.

a. El cuerno pequeño era parte de la cuarta bestia; por lo tanto, tenía que aparecer en la historia dentro del tiempo de Roma y no antes. La bestia aún no estaba muerta cuando el cuerno ocupó su lugar en la historia. De hecho, el cuerno y la bestia serían destruidos al mismo tiempo (Dan. 7:11, 14-26).

b. La actividad del cuerno duraría largo tiempo, llegando a su fin poco antes de la formación visible del reino de Dios sobre la tierra (Dan. 7:25, 26). Desde la ventaja de nuestra perspectiva histórica podemos mirar retrospectivamente y concluir que el cuerno pequeño estaría activo de una u otra forma a través de la mayor parte de la era cristiana hasta la segunda venida de Cristo.

c. El hecho de que la visión asocia al cuerno pequeño con los diez cuernos de la bestia sugiere que aquél adquiere completo poder después de la fragmentación de Roma, el imperio representado por la bestia. Daniel 2 ya había indicado que el cuarto reino sería un reino dividido (Dan. 2:41). La visión registrada en el capítulo 7 desarrolla esa idea con mayor detalle. El ángel le dice a Daniel: "De aquel reino se levantarán diez reyes" (Dan. 7:24), significando que el reino se partiría en varios reinos pequeños (cf.

Dan. 8:22). El cuerno pequeño surge sólo después que eso ocurre (Dan. 7:24).

d. El cuerno adquiere poder a través del conflicto con los diez cuernos. Tres de ellos "fueron arrancados" (vers. 8) o "derribados" (vers. 24), perdiendo así su poder e influencia. El cuerno pequeño no aparece simplemente después de la caída de Roma sino, más precisamente, después que los eventos históricos removieron a tres de los diez poderes en los cuales se dividió el imperio.

Con esa información a la mano no es difícil examinar la historia secular y encontrar a una entidad histórica que armoniza con los indicadores bíblicos del momento en que el cuerno pequeño comenzaría su actividad. Tenemos que comenzar en el tiempo cuando el Imperio Romano empezó a fracturarse a causa de las invasiones bárbaras del siglo V. Para el año 476 d. C. el imperio se había fragmentado más allá de una posible restauración. Los reinos bárbaros surgieron de sus ruinas.[2] El colapso del imperio tomó al ciudadano romano promedio, así como a la iglesia, por sorpresa. De hecho, fue difícil para la iglesia explicar la caída de un imperio que, después de la conversión de Constantino, había sostenido a la fe cristiana.[3] La profecía se estaba cumpliendo, pero la iglesia no era consciente de ello, y mucho menos capaz de explicar lo que estaba ocurriendo.

Aunque fue tomada por sorpresa, "cuando la crisis llegó, la iglesia encontró poder dentro de sí para lidiar con ella, para soportarla, sobrevivir y finalmente para avanzar a fin de penetrar y controlar el nuevo estado de cosas que las invasiones bárbaras y los asentamientos habían traído".[4] Llegar a controlar la nueva situación tomó algo de tiempo; pero el fundamento había sido puesto durante la época de Constantino, cuando los "obispos comenzaron a desempeñar una parte oficial importante en la vida jurídica y económica, especialmente en las municipalidades. En este período de decadencia de la autoridad imperial romana, la función de la iglesia llegó a ser cada vez más importante en la esfera política también. Cuando Atila estaba a punto de ocupar el centro de Italia desde el norte, en el año 452 d. C., la embajada que lo persuadió a cambiar su plan estaba encabezada por el papa León I. En las áreas gobernadas por reyes germánicos, los obispos servían como protectores y voceros de la población romana. Sin embargo, con frecuencia fueron estorbados por el hecho de que la mayoría de los gobernantes germánicos que se habían convertido al cristianismo eran arrianos. Por consiguiente, hay gran significado en la conversión de un gobernante tan poderoso como el franco Clodoveo al cristianismo católico".[5] De hecho, fue necesario que la iglesia venciera permanentemente el problema del arrianismo a fin de eliminar un obstáculo principal en su intento de controlar la nueva situación.

El arrianismo, una herejía originada en las enseñanzas de un sacerdote alejandrino llamado Arrio (ca. 336 d. C.), negaba la divinidad de Cristo. Algunos bárbaros aceptaron ese tipo de cristianismo, creando serios conflictos entre ellos y la parte principal de la iglesia que sí reconocía la divinidad de Cristo. Pero "gradualmente la Iglesia Católica logró eliminar el arrianismo. En algunos casos esto se hizo mediante acciones militares que casi borraron el elemento germánico".[6] Las fuerzas cristianas ortodoxas tuvieron que derrotar a las tres principales tribus bárbaras que habían aceptado el arrianismo, exterminando a los vándalos arrianos en el año 534 y quebrantando el poder de los ostrogodos en el 538. Los comentaristas adventistas difieren respecto a la identidad del tercer poder. Algunos consideran que los hérulos arrianos, erradicados en el 493, son ese tercer poder.[7] Otros sostienen que son los visigodos, diezmados por Clodoveo, rey de los francos, en el 508.[8] Pero es claro que el cristianismo ortodoxo eliminó al menos tres poderes arrianos, facilitándole a la iglesia ejercer un mayor poder político después de la caída de Roma.

De acuerdo con Daniel 7 el cuerno pequeño realizaría ciertas actividades políticas y religiosas específicas dirigidas hacia Dios y su pueblo. Habló arrogantemente contra Dios al instituir doctrinas y dogmas que no se hallan en la Escritura. La autoridad magisterial de la iglesia[9] introdujo conceptos no bíblicos y requirió su aceptación por todos. El liderazgo cristiano definió a la iglesia como el único medio a través del cual la gracia de Dios alcanza a la humanidad, y un sistema sacerdotal se desarrolló para mediar esa gracia al individuo. La creencia en la mediación de los santos en el cielo y la de los sacerdotes en la iglesia sustituyó e incluso suplantó el papel sacerdotal de Cristo como Mediador. Los teólogos aceptaron enseñanzas tales como la inmortalidad del alma, el sacramento de la penitencia, la confesión auricular, y otras, aun cuando carecían de apoyo bíblico.

2. *Naturaleza y actividad del cuerno pequeño.* El cuerno pequeño es un poder perseguidor que pelea contra el pueblo de Dios. La unión del estado y la iglesia resultó en la intolerancia religiosa que condujo en muchos casos a la persecución y la muerte. Tan sólo necesitamos recordar las atrocidades de la Inquisición, referidas por un escritor católico como "uno de los capítulos más oscuros de la historia de la Iglesia".[10] Miles y miles sufrieron prisión, tortura y muerte porque no se sometieron a la autoridad del liderazgo eclesiástico. El cuerno pequeño también intentó cambiar los tiempos y la ley (Dan. 7:25). Sólo Dios puede cambiar los tiempos: "Él muda los tiempos y las edades; quita reyes, y pone reyes" (Dan. 2:21). En última instancia es Dios quien está al control de la política mundial, no el cuerno pequeño.

El intento del cuerno pequeño de cambiar la ley está claramente revelado en el cambio del día de descanso bíblico del séptimo día, sábado, al primer día, domingo. Al respecto, el catolicismo es bastante claro y no apologético. El catecismo católico dice: "¿Por qué observamos el domingo en lugar del sábado? Observamos el domingo en lugar del sábado porque la Iglesia Católica transfirió la solemnidad del sábado al domingo".[11]

El surgimiento y la caída del cuerno pequeño abarcarían "tiempo, y tiempos, y medio tiempo" (Dan. 7:25), un período profético equivalente a 1260 días. En Daniel "tiempo" designa un año (360 días), "tiempos" es dual, es decir, un plural formado sólo por dos elementos (o sea, 720 días), y "medio tiempo" es medio año (180 días). Si sumamos 360 + 720 + 180, nos da 1260 días. Si aplicamos el principio día por año tenemos 1260 años, que corresponden al tiempo de hegemonía o dominio del cuerno pequeño, la unión de la iglesia y el estado durante la Edad Media.

Varios intérpretes de la profecía apocalíptica durante los pasados años usaron el año 538 d. C. como punto de partida de los 1260 años, y los adventistas han aceptado esa fecha como la mejor posibilidad. Ése es el año cuando Roma derrotó al último reino arriano, los ostrogodos.[12] A fin de ver correctamente el significado de este período profético debemos comprender que "el catolicismo romano, visto como un conjunto particular de ideales, creencias y filosofías, disfrutó de una *creciente influencia en las mentes de los europeos occidentales* durante la etapa temprana de los 1260 años (alrededor del 538-1000 d. C.), fue dominante durante la parte central (1000-1300 d. C.), y se debilitó durante la última parte (1300-1798). Y tanto el comienzo como el fin del período profético estarían marcados por eventos específicos: el otorgamiento de poder, reinado y autoridad, y luego por la captura y la herida de una espada [Apoc. 13:2, 3]".[13] Los 1260 años se extendieron desde el 538 hasta 1798 d. C., cuando el general francés Berthier arrestó y exilió al papa Pío VI, en un intento por terminar con el sistema católico romano.

Al mirar retrospectivamente la historia y los resultados de la unión de la iglesia y el estado durante la Edad Media, nos maravillamos de la precisión con la cual se cumplió la profecía dada a Daniel alrededor del año 500 a. C. "¡Qué asombroso cumplimiento de la profecía bíblica! En el más brutal y anticristiano de los aspectos de su actividad medieval, la Iglesia Católica aparece como una descendiente dinámica directa del Imperio Romano".[14] El cuerno pequeño surgió sin duda del cuarto reino, el Imperio Romano.

La escena del juicio

El segundo aspecto nuevo que encontramos al comparar Daniel 2 y 7 es la escena del juicio en Daniel 7:9, 10, 21, 22, 26. Trataremos el juicio en el capítulo siguiente, pero por el momento notaremos algunas cosas. Primero, este juicio ocurre en el cielo ante Dios, el concilio celestial y las huestes angélicas. Segundo, el pueblo de Dios recibe el reino después que termina el juicio, lo cual significa obviamente que el juicio ocurre antes que Dios establezca su reino sobre la tierra. Tercero, el juicio comienza poco después de terminados los 1260 años (después de 1798; Dan. 7:25, 26). Cuarto, Dios pronuncia juicio a favor de su pueblo (vers. 22), y como resultado el cuerno pequeño es destruido finalmente (vers. 26).

Dios, el Hijo del hombre y la historia

El mensaje de Daniel 2 y 7 no es acerca de una sucesión histórica de reinos terrenales, sino acerca de cómo ese fenómeno nos lleva al establecimiento del reino de Dios sobre la tierra a través de la obra de Dios y del Mesías, el Hijo del Hombre. En ambos capítulos hay implícito un entendimiento particular de la historia humana y hacia dónde se dirige ésta. La Escritura transmite parcialmente esa perspectiva específica de la historia a través de los símbolos intrigantes que usa para representar a los diferentes reinos.

En Daniel 2 encontramos una gran estatua con la forma de un ser humano. En ella están representados los diferentes reinos mediante sus diversos materiales (oro, plata, bronce, hierro y barro), pero en Daniel 7 encontramos animales o bestias salvajes que simbolizan los mismos reinos. En el caso de la estatua tenemos un objeto básico, aparentemente para sugerir que la historia es el resultado del logro humano. La visión no sugiere violencia al pasar de la cabeza a los brazos, a los muslos y a los pies de la estatua. Un elemento de desorden aparece con el cuarto reino ya que se fractura y permanece dividido hasta el fin. Sin embargo, se hacen esfuerzos para minimizar la división mediante uniones matrimoniales internas. Un imperio parece seguir al otro en una secuencia lógica de una manera casi pacífica. No obstante, la visión alude a un proceso de deterioro de la historia humana. El pasaje señala que cada reino es inferior en algún aspecto al anterior. La historia humana no está desarrollándose y creciendo hacia algo mayor y más bello, en un mundo unificado; más bien, se encamina hacia la fragmentación y falta de cohesión. Cerca del fin de la historia del mundo habrá una percepción de unidad humana, pero será frágil y fácilmente quebrantada.

Daniel 7 usa animales salvajes para representar a los cuatro reinos. Ellos aparecen en la escena de la historia humana mediante lucha y guerra, simbolizadas por un mar tormentoso (Dan. 7:2). La violencia parece caracterizar a los reinos conforme surgen y caen. Las alas del león fueron arrancadas, acabando así su poder (vers. 4); el oso era sanguinario (vers. 5); el leopardo tenía autoridad para gobernar (vers. 6); pero la cuarta bestia era completamente salvaje, opresiva y devoradora, la cual hollaba a sus víctimas bajo sus pies (vers. 7). El simbolismo de las cuatro bestias parece enfatizar lo demoníaco de la historia mientras que la estatua enfatiza más el lado humano. Lo humano y lo demoníaco actúan conjuntamente en la historia y parecen tener control de ella. Sin embargo, Daniel rechaza esa conclusión. Por encima de lo humano y de lo demoníaco se halla el poder de Dios y su reino.

La visión nos informa que la historia no es simplemente la arena donde lo humano y lo demoníaco logran sus deseosególatras y pervertidos, sino el lugar donde Dios interviene personalmente, oponiéndose a ellos y liberando a sus siervos: aquellos que rechazaron el poder humano y el demoníaco como el centro de sus vidas. La historia puede parecer poco más que incidentes violentos planeados y ejecutados por las naciones terrenales, pero es también el escenario dentro del cual Dios logra su propósito final de salvación para la raza humana, culminando con el establecimiento de su reino entre nosotros.

Jesús vino proclamando el reino de Dios (Mat. 4:23) y anunciando que el reino no era sólo un evento futuro sino que ya estaba presente en el mundo en su propia persona (Luc. 17:21). Durante el régimen del cuarto reino, el Imperio Romano, Jesús ya estaba señalando el quinto reino y proclamando que el gobierno de Dios —su reino— ya estaba en acción en su ministerio.

Daniel describe el reino de Dios como una roca cortada de un monte —más no por mano humana— que destruía a todos los demás reinos (Dan. 2:44, 45). Este reino no es el resultado del esfuerzo humano, sino que proviene de Dios mismo (Isa. 14:13). Jesús enfatizó la naturaleza trascendental de su reino cuando dijo: "Mi reino no es de este mundo" (Juan 18:36). Él es la Roca que transformará nuestro mundo en el reino de Dios (Luc. 20:17). Ese reino será gloriosamente visible en la segunda venida, cuando los reinos del mundo lleguen a "ser de nuestro Señor y de su Cristo; y él reinará por los siglos de los siglos" (Apoc. 11:15). El mensaje del sueño y de la visión proclama el triunfo final del gobierno de Dios en nuestro planeta. Él todavía no es reconocido universalmente como el Señor de nuestro planeta, pero pronto él y el Cordero serán reconocidos como dignos de ser alabados por todos. Es hacia esa meta que la escena del juicio señala.

---

[1] B. Kedar-Kopfstein, "Zahabn", G. Johanness Botterweck y Helmer Ringgren, eds., *Theological Dictionary of the Old Testament* (Grand Rapids: Eerdmans, 1980), tomo 4, pág. 36.

[2] "En el año 476 Odoacro depuso al último emperador, Rómulo Augusto, y se proclamó rey a la usanza bárbara, y gobernó Italia con moderación bajo la tutela teórica del emperador de Oriente. El fin del Imperio Romano de Occidente pasó casi desapercibido" ("Rome, Ancient", en *The New Encyclopaedia Britannica: Macropaedia* [Chicago: Encyclopaedia Britannica, Inc., 1981], tomo 15, pág. 1126).

[3] R. P. C. Hanson escribió: "Entre los paganos [la caída de Roma] suscitó airadas acusaciones de que el Imperio Romano se había colapsado debido a que los cristianos habían provocado el retiro de la adoración a los dioses ancestrales de Roma. Entre los cristianos produjo perplejidad y consternación. ¿Cómo podría Dios permitir que un imperio que recientemente había abrazado la causa del cristianismo de una manera tan señalada fuera destruido?" ("The Reaction of the Church to the Collapse of the Western Roman Empire in the Fifth Century", en Everett Ferguson, ed., *Church and State in the Early Church* [Nueva York: Garland Pub., 1993], pág. 372).

4 *Id.*, pág. 385.

5 M. R. P. McGuire, "Roman Empire", en *New Catholic Encyclopedia* (Wáshington, D. C.: Catholic University of America, 1967), tomo 12, págs. 578, 579.

6 D. M. Barry, "Arianism", en *New Catholic Encyclopedia*, tomo 1, pág. 794.

7 C. Mervyn Maxwell, *El porvenir del mundo revelado* (Coral Gables, Fl.: Asociación Publicadora Interamericana, 1990), tomo 1, pág. 132.

8 William H. Shea, *Daniel 1-7* (Boise, Id.: Pacific Press Pub. Assn., 1996), págs. 167, 168; Jacques B. Doukhan, *Secrets of Daniel* (Hagerstown, Md.: Review and Herald Pub. Assn., 2000), págs. 106, 107.

9 En el catolicismo la autoridad magisterial de la iglesia (Magisterio) desempeña un papel clave en la definición de las creencias. La Iglesia Católica generalmente define al Magisterio como "el oficio magisterial perenne, auténtico e infalible encomendado a los apóstoles por Cristo y ahora en poder y función por sus legítimos sucesores, el colegio de obispos en unión con el papa" (J. L. Allgeier, "Teaching Authority of the Church (Magisterium)", en *New Catholic Encyclopedia*, tomo 13, pág. 959).

10 "Inquisition", en *New Catholic Encyclopedia*, tomo 7, pág. 541.

11 Peter Geierman, *The Convert's Catechism of Catholic Doctrine* (Rockford., Ill.: Tan Books, 1977), pág. 50.

12 Sobre el año 538 y los 1260 años, véase C. Mervyn Maxwell, "Some Questions Answered: Dates—Their Historical Setting", en Frank B. Holbrook, ed., *Symposium on Revelation* (Silver Spring, Md.: Biblical Research Institute, 1992), tomo 2, págs. 121-132.

13 *Id.*, pág. 124.

14 Maxwell, *God Cares*, tomo 1, pág. 133.

TRES

El Hijo del Hombre y el juicio final

La doctrina del juicio final es un concepto cristiano que no sólo se encuentra en la Biblia sino también en los credos cristianos antiguos. No es un invento de la Iglesia Adventista sino que ha sido parte del mensaje cristiano desde los tiempos apostólicos. De acuerdo con Pablo, el juicio formaba parte del evangelio que él predicaba a los judíos y gentiles y no era incompatible con su enseñanza sobre la justificación por la fe. Las buenas nuevas del evangelio son que aun cuando el juicio nos condena, Jesús ha traído una justificación no basada en la ley sino en la fe en él como nuestro sustituto y Salvador. Aunque aún así enfrentamos un juicio, ahora podemos hacerlo con confianza, sabiendo que seremos exonerados en y a través de Cristo.

El cristianismo y el juicio previo al advenimiento

Tal vez algunos adventistas se sorprendan al saber que muchos cristianos creen en un juicio que ocurre antes del regreso de Cristo. De hecho, los católicos y muchos protestantes comparten este concepto. La teología católica distingue entre el *juicio particular* y el *juicio general*.[1] El juicio particular ocurre inmediatamente después de la muerte y determina si el alma entrará en el cielo, el purgatorio o el infierno.[2] Este juicio toma lugar antes de la segunda venida de Cristo y es necesario debido a la doctrina católica de la inmortalidad del alma. El juicio general ocurre en la segunda venida, es de carácter universal e incluye tanto a los justos como a los malos. Los seres humanos lo experimentarán en el cuerpo después de la resurrección.[3] No es claro, sin embargo, por qué habría necesidad de un juicio general si el juicio particular determina el destino eterno de cada individuo.

Los dispensacionalistas tienen una doctrina del juicio muy desarrollada que conceptúa al menos siete juicios individuales.[4] El primero comprende el juicio de la iglesia en el cielo después del rapto y antes de la segunda venida. Podríamos considerarlo como un juicio "previo al advenimiento". De nuevo uno se sorprende de por qué los creyentes que ya han sido raptados deben enfrentar un juicio. ¿No indica acaso el hecho de que Dios los ha raptado que han pasado por el juicio y sido absueltos? Los otros juicios ocurren en la segunda venida (e.g., el juicio de Israel y el de los gentiles), y después del milenio (e.g., los juicios de Satanás y de los ángeles caídos, y el de los muertos no salvos).[5]

Otro grupo de cristianos prefiere describir el juicio como un solo evento universal que ocurre en la segunda venida de Cristo, en ocasión de la resurrección de todos los justos e injustos. Esa posición parece ignorar que Cristo viene por segunda vez para salvar a quienes lo esperan y no para determinar si ellos se salvarán o no (Heb. 9:28). Él tiene que tomar esa decisión en algún momento antes de su regreso.

Como adventistas, nosotros hemos enseñado que el juicio final consiste en un proceso que comienza en el cielo antes del retorno de Cristo (Dan. 7:9, 10, 21, 22, 26, 27) y concluye después del milenio (Apoc. 20:11, 12). Quienes han aceptado a Cristo como su Salvador pasaran por el juicio en el cielo antes de la venida de Cristo (Dan. 7:22; Rom. 2:5, 6). Luego en la segunda venida los fieles quedan a salvo de sus enemigos (Heb. 9:28), son reveladas las decisiones legales hechas en el tribunal celestial (Rom. 2:5), y se recompensa apropiadamente a cada uno (vers. 6). Enseguida ocurre el milenio, durante el cual los justos —llevados al cielo— juzgarán a los malos (Apoc. 20:4; 1 Cor. 6:2, 3). Después del milenio Dios dará a conocer las decisiones tomadas en el tribunal celestial y Satanás y sus seguidores serán condenados de manera justa a la muerte eterna (Apoc. 20:12-15). Basados en nuestro entendimiento de las profecías apocalípticas también hemos sido capaces de identificar el momento histórico en que comenzó el juicio en el cielo; es decir, en 1844 (Dan. 7:25, 26; Dan. 8:13, 14; Apoc. 14:6, 7). De allí la importancia y urgencia del mensaje y la misión de nuestra iglesia.

Nuestra comprensión del juicio final integra toda la información bíblica relacionada con ese tema específico en una declaración doctrinal coherente. Siendo que la Biblia rechaza la doctrina de la inmortalidad del alma, nosotros negamos que el juicio previo al advenimiento ocurra al momento en que la persona muere, pero sí afirmamos que comienza antes del regreso de Cristo. La Biblia también enseña que el traslado [al cielo] ocurre en la segunda venida; por lo tanto, creemos que el juicio no tiene lugar después del traslado sino antes del regreso de Cristo. Entonces los justos recibirán la recompensa que se les ha asignado en el tribunal celestial.

Juicio e investigación en el Antiguo Testamento

Un juicio justo comienza con una investigación, un examen de los hechos y su evaluación antes de pronunciar un veredicto final. Esa es la forma de proceder en cualquier tribunal, incluyendo el celestial. La gente en los tiempos bíblicos realizaba comúnmente indagaciones judiciales antes de hacer decisiones legales. Por ejemplo, la frase "buscando e inquiriendo" (Jue. 6:29) se refiere a ese proceso. Job, al describir su responsabilidad de juez en la puerta de la ciudad, declara: "Y de la causa que no entendía, me informaba con diligencia" (Job 29:16). Ester le informó al rey que dos de sus siervos estaban planeando matarlo: "Se hizo investigación del asunto, y fue hallado cierto; por tanto, los dos eunucos fueron colgados en una horca" (Est. 2:22, 23). Podríamos citar muchos otros ejemplos.

Dios también hace indagaciones antes de dictar sentencia en contra o a favor de los seres humanos. Vemos esto indicado claramente en Génesis 3:8-18, el primer juicio registrado en la Biblia. Los eruditos ven en Génesis 3:11-20 un "juicio",[6] un proceso legal,[7] o una escena de juicio.[8] En esta escena Dios actúa como fiscal,[9] investigando el crimen cometido por la primera pareja. La historia "sigue paso a paso el procedimiento de una acción legal:

08-10: Escondimiento y hallazgo
11-13: Interrogación y defensa
14-19: Tres sentencias de castigo".[10]

Es importante notar que hay un interrogatorio: Dios pregunta, investigando la naturaleza y razón del crimen cometido. En otras palabras, en esta historia hay una investigación dentro del proceso de juicio en la cual Dios busca y analiza la evidencia. La pregunta obvia es si Dios ya conocía el crimen; y si así era, entonces por qué necesitó hacer una investigación. Umberto Cassuto, un comentarista bíblico judío, formula esas preguntas y sugiere que "siendo que la narrativa subsecuente describe a Dios como omnipotente, es razonable que aquí no se lo describa como alguien que no se da cuenta de lo que lo rodea".[11] Cassuto añade que "el Juez de toda la tierra llama al hombre, a fin de demandar de él el relato de su conducta".[12] Según otros, el propósito de las preguntas es (1) establecer los hechos y "dejarle claro al hombre y a la mujer lo que ellos han hecho";[13] (2) permitirle "al hombre que él mismo reconozca su crimen";[14] (3) o mejor aún, hacer que el acusado "confiese su culpa".[15]

Es interesante observar que durante la indagatoria Dios cuestionó a Adán y a Eva, pero ignoró sorprendentemente a la serpiente. El Señor no la juzga de la misma forma que a la pareja. Dios sólo condena al enemigo y pronuncia una sentencia contra él.[16] Aquí tenemos un excelente paralelismo con el juicio final en el que Dios es quien busca la verdad, conduce el juicio y pronuncia el veredicto. Daniel 7 sigue el mismo patrón durante el juicio escatológico en el que se describe a Dios abriendo los libros (investigando la evidencia), conduciendo el juicio, y dictando la sentencia final (a favor de su pueblo y en contra del enemigo).

Otros casos en los que Dios investigó antes de pronunciar una sentencia aparecen en Génesis 4:9-13; 18:22; y Salmos 7:8, 9. En este último pasaje la frase "prueba [*bajan*] la mente y el corazón" se refiere a un proceso investigador, tal como se indica por el uso del verbo *bajan*. Aquí "sugiere la fase investigadora necesaria para un correcto juicio"[17] (cf. Sal. 11:4-6).

La investigación de la evidencia es un tema común en los libros proféticos. Unos cuantos ejemplos pueden ser suficientes para mostrarlo. Oseas 4:1-3, por ejemplo, contiene el anuncio de un juicio, el análisis de la evidencia y un veredicto. Miqueas 6:1-16 describe un juicio completo que incluye testigos, la presentación de la evidencia en contra del pueblo y la decisión legal. Sofonías 1:12 usa el verbo "investigar" para referirse a los fundamentos sobre los cuales el juez basará la sentencia. Es simplemente imposible tener un juicio sin una investigación legal de la evidencia.

Juicio e investigación en el Nuevo Testamento

Durante el período del Nuevo Testamento el principio expresado por Nicodemo era bien conocido: "¿Juzga acaso nuestra ley a un hombre si primero no le oye, y sabe lo que ha hecho?" (Juan 7:51). Es legalmente inconcebible pronunciar una sentencia sin reunir y analizar toda la evidencia. Pablo compareció ante Festo y Agripa para un juicio que obviamente incluía la evaluación de la evidencia que apoyaba los cargos contra él (Hech. 25:2-11; 26:2-32).

El tribunal divino sigue el mismo patrón. La Escritura describe a Dios juzgando imparcialmente la obra de cada persona; es decir, él evalúa o examina cuidadosamente la vida de cada individuo antes de dar el veredicto (1 Ped. 1:17). Su juicio es universal. Tanto los vivos como los muertos "darán cuenta" a Dios (1 Ped. 4:5) y él "juzgará... los secretos de los hombres" (Rom. 2:16). En otras palabras, Dios investigará la evidencia escondida de la vista humana. La norma de juicio es la respuesta de la persona a Jesús (2 Tes. 2:12) y a la ley (Sant. 2:12). La Escritura enfatiza la idea de la investigación mediante la insistencia en el hecho de que Dios juzgará a los humanos según sus obras (Mat. 12:36, 37; 16:27; Apoc. 20:13), incluyendo los cristianos (1 Cor. 3:8-15; 2 Cor. 5:10; Efe. 6:8; Col. 3:23-25).

El juicio se llevará a cabo "ante el tribunal [*bema*] de Cristo" (2 Cor. 5:10) y de Dios (Rom. 14:10). El Nuevo Testamento usa aquí una imagen tomada del sistema legal secular en el cual el término griego *bema* designaba un lugar donde se colocaba un oficial, escuchaba los casos y pronunciaba las sentencias legales (Hech. 18:12, 16; 25:6, 10). Las cortes seguían un procedimiento legal que requería la reunión de la evidencia, su evaluación, y la pronunciación de un veredicto final. El escritor inspirado emplea una práctica humana para ilustrar lo que ocurre en el tribunal celestial. La idea que ella trasmite es la de una investigación y evaluación que conducen a un veredicto. "Cada uno de nosotros dará a Dios cuenta de sí" (Rom. 14:12), pero *las buenas nuevas son que en el tribunal celestial quien habla en nuestro lugar nos confesará delante de los ángeles (Luc. 12:8, 9). Nuestro abogado (1 Juan 2:1) e intercesor (Heb. 7:25) está a cargo de nuestro juicio.* Eso tiene que ser así porque el juicio del pueblo de Dios ocurrirá en el cielo antes del regreso de Cristo. Siendo que nosotros no podremos estar allí, Cristo nos representará.

Daniel 7 indica que el juicio comienza en el cielo y el Nuevo Testamento apoya el concepto. Ya hemos visto que en Daniel el juicio comienza antes que el reino de Dios sea establecido sobre la tierra. Pablo lo asocia con la segunda venida en Romanos 2:5, 6 y 2 Timoteo 4:1. Hebreos 9:27, 28 nos informa que el juicio final ocurre después que uno muere, y que el siguiente evento escatológico es la segunda venida. Según el versículo 28 Cristo no viene a juzgar a su pueblo sino a salvarlo; es decir, a darles la recompensa determinada en el juicio. De acuerdo con Romanos 2:5, 6 es en el día de la ira (la segunda venida) cuando será revelado el justo juicio de Dios, y cuando él "pagará a cada uno conforme a sus obras". Aquí encontramos dos ideas importantes. La primera, que el "justo juicio de Dios" es algo todavía oculto en el tiempo presente, pero que será revelado posteriormente. Esto significa que se hizo una decisión judicial antes de la segunda venida, porque es en ocasión de ese evento cuando dicha decisión se revela. La segunda, muestra que Dios basó la decisión judicial en las obras de la persona. Dios las tomó en cuenta en el aspecto investigador del juicio para determinar el destino final otorgado en ocasión de la venida de Cristo.

El examen de los registros

La Biblia menciona varios libros celestiales donde se conserva la historia de la vida de cada miembro de la raza humana. Incluso los que no eran israelitas en el mundo antiguo creían en tales libros celestiales. Los registros mesopotámicos hablan de la "tablilla de la vida", "la tablilla de sus errores, delitos y crímenes", y "la tablilla de sus buenos actos".[17] Pero es difícil determinar la naturaleza, y en algunos casos el propósito, de tales registros celestiales. La Biblia habla del libro de la vida, basada en la práctica de guardar un registro de los nombres de las personas que vivían en una ciudad (e.g., Isa. 4:3; Eze. 13:9). El libro de la vida celestial contiene los nombres de todos aquellos que formaron parte del pueblo de Dios (Éxo. 32:32, 33; Dan. 12:1; Fil. 4:3; Luc. 10:20;

Apoc. 21:27). La apostasía podría resultar en la remoción del nombre de una persona de ese libro (Sal. 69:28; Apoc. 3:5). Este libro también registra las acciones humanas, sean buenas o malas (Isa. 65:6; Apoc. 20:12). El libro de memorias podría ser el mismo que el libro de las acciones (Mal. 3:16; cf. Est. 6:1). La contraparte terrenal del libro de acciones celestial podría haber sido el libro de las Crónicas de los reyes de Israel y Judá que preservaron las cosas buenas y malas que hizo cada rey. Los profetas las usaron para evaluar las vidas de los diferentes reyes. Nosotros no conocemos la naturaleza de los registros celestiales, pero su función es extremadamente importante. La Biblia se refiere a ellos para enfatizar la naturaleza objetiva e imparcial del juicio final. Tales registros les proveen una evidencia objetiva a los miembros del concilio celestial para determinar el destino de cada individuo (Dan. 7:10; 12:1; Apoc. 20:12). Dios, obviamente, no necesita de tales registros, pero sus criaturas sí. *Quienes han aceptado a Cristo como su Salvador personal no deben preocuparse del contenido de sus registros en el cielo, porque Cristo les ha otorgado el perdón de sus pecados y la justicia de Cristo les ha sido acreditada. Mientras permanezcan en una relación de pacto genuina con nuestro Salvador el juicio investigador simplemente confirmará y asegurará por siempre su compromiso previo con él.*

La justificación por la fe y el juicio

La Biblia enseña que somos salvos por la fe en Cristo y juzgados por las obras. Teólogos cristianos de todas las tradiciones por mucho tiempo han intentado integrar estas dos declaraciones aparentemente contradictorias. Por lo tanto, este problema teológico no es peculiar de los adventistas. Ya hemos indicado que para Pablo el evangelio y el juicio no eran conceptos contradictorios sino complementarios (Rom. 2:16). El juicio era uno de los conceptos fundamentales que la iglesia primitiva enseñaba a los nuevos conversos (Heb. 6:3) y era parte de la proclamación apostólica (Hech. 24:25).

Un teólogo luterano escribió: "Una doctrina de la justificación que elude el concepto del juicio pierde su carácter como proclamación del señorío de Dios, y con ello la única base de la humanización de la raza humana. Un concepto del juicio que no adquiere su significado de la doctrina de la justificación no deja lugar para la seguridad de la salvación".[18] Debemos mantener juntos ambos conceptos a fin de presentar un cuadro balanceado de la Escritura. Dos eruditos no adventistas han intentado describir la relación entre el juicio por las obras y la justificación por la fe de la siguiente forma:

"Pablo... cree en el juicio final de cada hombre. La función primaria de éste será revelar si el hombre pertenece a Cristo o no, y en consecuencia determinar su destino. Para quienes han entrado en una relación con Dios por medio de la fe en Cristo, el veredicto anticipado en la justificación y demostrado en sus vidas, será confirmado. Para quienes han rechazado a Cristo, su condenación estará decidida."[19]

De acuerdo con Travis, cuando somos justificados por la fe en Cristo recibimos por adelantado el veredicto de exoneración que será pronunciado en el tribunal divino durante el juicio final. Por lo tanto, el juicio final confirma esa decisión judicial dejando en claro que pertenecemos a Cristo. Sólo aquellos que no pertenecen a Cristo son condenados.[20]

"Ese evento público [descrito en Rom. 2:5], en el cual se dará un veredicto y se pronunciará una sentencia pública, requerirá una evidencia pública verificable para sustentarlos. Y la única evidencia pública disponible serán nuestras obras: lo que hemos hecho y se nos ha visto hacer. La presencia o ausencia de la fe salvadora en nuestros corazones será puesta al descubierto por la presencia o ausencia de amor en nuestras vidas."[21]

La justificación por la fe no es un concepto o una idea abstracta para ser asimilada sólo con nuestro intelecto. Quienes han sido justificados viven una vida de obediencia al Señor, que refleja una vida controlada por el amor hacia Dios y hacia otros. La siguiente declaración resume bastante bien la posición adventista a este respecto:

"La Biblia enseña que la justificación pertenece a las 'cosas' finales, porque trae el ansiado veredicto de absolución del último juicio al presente... Por lo tanto, el testimonio de la Escritura es contradicho cuando la lógica humana concluye que siendo que la justificación —una realidad presente a través de la fe— pertenece a las últimas cosas, no se le puede pedir nada adicional al creyente en el juicio final. Aunque la bendición de la absolución en el juicio futuro ciertamente llega a operar aun en el presente, la Escritura aclara que lo que Dios quiere ver en el juicio final son creyentes justificados, quienes a través de su gracia hayan dado frutos para su gloria [Fil. 1:9-11]. La nueva historia que Dios le da a cada creyente no acaba cuando éste va a Cristo y es justificado; apenas ha comenzado. Al final Dios pide una justificación con frutos, *no en el sentido de la fórmula 'fe más obras igual a salvación'*, sino en el sentido de que la justificación es la fuente del fruto santificado."[22]

Propósito del juicio final

El juicio final es una investigación de la verdad, que busca restablecer la justicia y la armonía en un mundo trastornado por la presencia del pecado. El juicio hace al inocente victorioso sobre los malos y reafirma y vindica los principios divinos que gobiernan el universo. De hecho, el juicio final culmina con un reconocimiento cósmico de la justicia de Dios, una teodicea (*theós*, "Dios" y *díke*, "justicia"). Basados en la evidencia que Dios presentará durante el juicio final, toda criatura inteligente del universo testificará que Dios es en verdad justo y misericordioso. Sólo entonces será apropiado concluir la guerra entre el bien y el mal y eliminar a Satanás y a sus seguidores del universo.

Filipenses 2:10 y 11 anticipa el momento cuando todo el cosmos reconocerá a Dios y a Cristo como dignos de alabanza: "Para que en el nombre de Jesús se doble toda rodilla de los que están en los cielos, y en la tierra, y debajo de la tierra; y toda lengua confiese que Jesucristo es el Señor, para gloria de Dios Padre".

Esta será la experiencia de quienes se hallan en el cielo, es decir, ángeles y seres celestiales. Juan describe a los seres celestiales postrándose ante Dios y alabándolo por la sabiduría y poder que él manifestó en sus maravillosos actos de salvación a favor de su pueblo (Apoc. 7:11, 12). Tales seres celestiales fueron testigos de los procedimientos judiciales en el cielo y están persuadidos de que Dios es justo en sus juicios contra los poderes malignos (Dan. 7:10; Apoc. 16:5; 19:1-10).

El segundo grupo mencionado por Pablo, que se une a quienes se hallan en el cielo para alabar a Dios consiste de seres humanos. Esta expectativa escatológica tiene sus raíces en la proclama del salmista a todas las naciones para alabar a Dios. El pueblo de Dios, los reyes de la tierra y todas las naciones son invitados a adorarlo (Sal. 5:6, 7; 148:11). Incluso la naturaleza recibe la invitación para reconocer a Dios como Creador y Redentor (Sal. 148:7-10). Pablo sugiere que tal evento ocurrirá al fin.

El tercer grupo comprende a los que están "debajo de la tierra". La palabra griega usada por Pablo (*katajthonios*) aparece en la literatura griega para designar a seres divinos o demonios localizados en el infierno, el reino de los demonios.[23] Pablo parece usarla aquí para referirse a los poderes espirituales del mal a fin de enfatizar el hecho de que aún ellos reconocerán y confesarán finalmente que sólo Dios y Jesús son dignos de alabanza y adoración. No es una confesión basada en el arrepentimiento, sino un reconocimiento de que ellos se hallaron en el lado equivocado de la gran controversia y que Dios es justo en condenarlos. En el Antiguo Testamento tenemos un precedente legal para tal práctica.

Israel investigó cuidadosamente el pecado de Acán, y después de identificarlo como el culpable, lo confrontó con las consecuencias. El pueblo de Dios lo sentenció a muerte a fin de restaurar el orden social y espiritual en Israel. Pero antes de la ejecución Josué le dijo: "Da gloria a Jehová el Dios de Israel, y dale alabanza, y decláramé ahora lo que has hecho; no me lo encubras" (Jos. 7:19). Algunos han llamado a esto una doxología de juicio. Permítame explicarlo. En esta situación, glorificar y alabar al

Señor significaría que Acán aceptaba la responsabilidad por su pecado y que estaba listo para declarar públicamente que el juicio de Dios contra él era merecido y justo. No es una confesión del pecado para obtener perdón, sino un reconocimiento del hecho de que la persona es culpable de los cargos y que el veredicto divino es justo. Los poderes demoníacos reconocerán finalmente que Dios es justo, así como también la sentencia pronunciada contra ellos. Parecería que Dios busca persuadir incluso al archienemigo de que él es realmente un Dios de justicia y amor. Incluso Satanás percibirá claramente la verdad. Ninguna criatura inteligente se perderá eternamente teniendo dudas o cuestionando la naturaleza del carácter de Dios.

Elena de White describe la experiencia de Satanás durante el juicio después del milenio y su doxología de juicio de la siguiente manera: "Satanás ve que su rebelión voluntaria le incapacitó para el cielo. Ejercitó su poder guerreando contra Dios; la pureza, la paz y la armonía del cielo serían para él suprema tortura. Sus acusaciones contra la misericordia y justicia de Dios están ya acalladas. Los vituperios que procuró lanzar contra Jehová recaen enteramente sobre él. Y *ahora Satanás se inclina y reconoce la justicia de su sentencia*".[24] Es solamente entonces cuando Dios puede detener el reinado destructivo de Satanás.

Quienes han aceptado a Jesús como Salvador y Señor no deben temer al juicio, porque ya han pronunciado su doxología de juicio. Confrontados con el juicio de Dios sobre la cruz en contra del pecado, ellos reconocen que son culpables de los cargos y que Dios estaba en lo correcto al condenarlos a la muerte eterna. Pero también saben que la fase ejecutiva de su juicio tomó lugar en Cristo y que al aceptarlo a él como Salvador no serán condenados en el juicio final (Rom. 10:9, 10; Juan 5:24). Ahora podemos enfrentar el futuro con plena confianza.

1 Richard P. McBrian, *Catholicism* (San Francisco: Harper, 1994), pág. 1164.

2 J. H. Wright, "Judgment, Divine (in Theology)", en *New Catholic Encyclopedia*, tomo 8, págs. 36, 37.

3 *Id.*, págs. 37-40.

4 S. N. Gundry, "Judgment of the Nations, The", en Walter A. Elwell, ed., *Evangelical Dictionary of Theology* (Grand Rapids: Baker, 1984), pág. 591; David R. Nicholas, "Judgments, Various", en Mal Couch, ed., *Dictionary of Premillennial Theology* (Grand Rapids: Kregal, 1996), págs. 225-227.

5 John F. Walvoord hace una lista de siete juicios que ocurren al momento de la segunda venida y después de ésta (*Major Bible Prophecies* [Grand Rapids: Zondervan, 1991], págs. 381-388). Nicholas da una lista más completa en "Judgments", págs. 225-227 [véase la referencia anterior].

6 von Rad, *Genesis*, pág. 91; Walter Brueggeman, *Genesis* (Atlanta: John Knox, 1982), pág. 49.

7 Claus Westermann, *Genesis 1-11: A Commentary* (Minneápolis: Augsburg, 1984), pág. 253.

8 John H. Sailhamer, "Genesis", en Frank A. Gaebelein, ed., *The Expositor's Bible Commentary* (Grand Rapids: Zondervan, 1990), tomo 2, pág. 52.

9 Victor P. Hamilton, *The Book of Genesis Chapters 1-17* (Grand Rapids: Eerdmans, 1990), pág. 194.

10 Westerman, *Genesis* 1-11, pág. 252.

11 Umberto Cassuto, *A Commentary on the Book of Genesis: Genesis I-IV* (Jerusalén: Magnes Press, 1961), pág. 155.

12 *Ibíd.*

13 Westerman, *Genesis* 1-11, págs. 254, 255.

14 Hamilton, *Genesis* 1-17, pág. 194.

15 Gordon J. Wenham, *Genesis* 1-15 (Waco, Texas: Word, 1987), pág. 77.

16 Westerman, *Genesis* 1-11, pág. 255, escribe: "El crimen comenzó con la serpiente, una criatura de Dios; no hay explicación del origen del mal. La serpiente no es interrogada; es maldecida".

17 Pietro Bovati, *Re-Establishing Justice: Legal Terms, Concepts*

and Procedures in the Hebrew Bible (Sheffield, Ing.: JSOT Press, 1994), pág. 244.

[18] Shalom M. Paul, "Heavenly Tablets and the Book of Life", *Journal of Ancient Near Eastern Studies* 5 (1973): 345, 346, 351.

[19] Ernst Kaesemann, *Commentary on Romans* (Grand Rapids: Eerdmans, 1980), págs. 56, 57.

[20] Stephen H. Travis, *Christ and the Judgment of God* (Hants, Reino Unido: Marshall Pickering, 1986), pág. 64.

[21] John Stott, Romans: *God's Good News for the World* (Downers Grove, Ill.: InterVarsity Press, 1994), pág. 84.

[22] Ivan Blazen, "Justification and Judgment", *Adventist Review* (11 de agosto de 1983), pág. 9.

[23] Hermann Sasse, *"Katachthonios"*, en Gerhard Kittel, ed., *Theological Dictionary of the NT* (Grand Rapids: Eerdmans, 1965), tomo 3, págs. 633, 634.

[24] *El conflicto de los siglos*, pág. 728 (la cursiva fue añadida.)

CUATRO

Daniel 8: El Príncipe del ejército celestial

Daniel 7 introdujo al Mesías como una figura real que heredará el reino de Dios y lo compartirá con su pueblo. Ahora Daniel 8 presenta al Mesías como un sumo sacerdote ministrando en favor del pueblo de Dios en el santuario celestial. Los dos cuadros se complementan mutuamente y proveen una descripción más completa de la naturaleza y obra compleja del Mesías prometido. El mensaje básico es el mismo: el Mesías obra, como rey y sacerdote, en favor del pueblo de Dios; y saldrá victorioso sobre todos los poderes malignos, terminando así con el conflicto entre el bien y el mal. Siendo que Daniel 8 enfatiza el papel sacerdotal del Mesías, la visión usa imágenes y terminología tomadas del santuario israelita para comunicar su mensaje.

Perspectiva histórica: Medo-Persia y Grecia

Daniel tuvo la visión en el año tercero del reinado del rey Belsasar" (Dan. 8:1). Los comentaristas han usado registros históricos antiguos para identificar ese año como el 548/547 a. C.[1] El profeta recibió la visión unos dos años después de la que se registra en Daniel 7 (550/549 a. C.), y nueve años antes que ocurrieran los eventos registrados en Daniel 9 (539 a. C.) Es interesante que haya un período de unos 53 años entre el momento en que Daniel recibió la interpretación del sueño del rey (capítulo 2; 603 a. C.) y la visión del capítulo 7.

El año 547 a. C. trajo consigo cambios significativos en la historia del antiguo Cercano Oriente. Babilonia estaba declinando como imperio mundial y surgía un sistema político más poderoso: el imperio medo-persa. Los medos, mencionados por primera vez en registros históricos fechados hacia los años 858-824 a. C., habitaron áreas del noroeste de Irán, que actualmente incluyen a Azerbayán y Kurdistán. Probablemente fue alrededor del 621 a. C. cuando Ciaxares logró unir las tribus medas en un reino suficientemente poderoso para resistir a los ejércitos asirios. De hecho, ellos se aliaron con los ejércitos babilónicos contra el imperio asirio, y de esa forma lo vencieron. Su hijo, Astiages, un gobernante débil, sucedió a Ciaxares.

Los persas probablemente residían en el sur de Irán. La falta de información histórica no nos permite recuperar la historia temprana del reino persa. Los especialistas en el antiguo Cercano Oriente concuerdan en que el surgimiento de Ciro II como rey (559 a. C.) hizo de los persas un reino influyente y poderoso. Parece que hasta entonces los persas habían estado bajo el control de los medos. Ciro II se casó con la hija de Astiages y al parecer estuvo interesado en apoderarse del imperio medo. Las tensiones entre él y Astiages aumentaron y finalmente él se rebeló en su contra en 550 a. C. Aunque era superado en número por los medos, el ejército de Ciro ganó —al menos parcialmente—, porque muchos de los soldados medos desertaron. De esa forma surgió el imperio medo-persa bajo uno de los reyes más capaces del antiguo Cercano Oriente.

Daniel 8 representa a este nuevo imperio mediante un carnero con dos cuernos, los cuales simbolizan sus dos principales facciones: los medos y los persas. Uno de los cuernos era más alto que el otro, sugiriendo que uno de los reinos (Persia), era más poderoso que el otro (Media). Una vez que Ciro venció a Astiages, dirigió su atención contra Lidia hacia el norte, conquistándola en el 547 a. C., el año cuando Daniel tuvo la visión descrita en el capítulo 8. Al controlar el norte, Ciro estaba listo para controlar el oeste (Babilonia), sin estar preocupado por un ataque del norte. Por lo tanto, "la conquista estratégica de Babilonia por parte de Ciro comenzó con su campaña contra Lidia" en el 547 a. C.[2] La visión aquí no incluye un símbolo para el imperio babilónico, porque desde la perspectiva de Dios ese reino ya estaba en proceso de derrumbarse. Otra posible razón para no incluir una referencia a Babilonia puede encontrarse en el período mencionado en la profecía (los 2300 días) que, como veremos, comenzarían a contar desde el tiempo del imperio medo-persa.

El imperio medo-persa conquistó hacia el norte (Lidia), el poniente (Babilonia) y el sur (Egipto; Dan. 8:4). El hijo de Ciro, Cambises, tomó Egipto en 525 a. C. Para entonces los "persas ya no tenían vecinos en el Medio Oriente: los antiguos reinos de Media, Lidia, Babilonia y Egipto fueron transformados en satrapías administradas por los persas".[3]

Ningún reino humano ha perdurado para siempre, y el medo-persa no fue la excepción. Durante el transcurso de los siglos V y IV a. C., el imperio enfrentó serios conflictos internos y dinásticos. Cuando apareció Alejandro Magno como líder y rey griego, el destino del imperio medo- persa quedó decidido. Luchó fuertemente para sobrevivir, impidiendo que Alejandro obtuviera victorias fáciles, pero éste salió victorioso y mató al "carnero" (Dan. 8:7).

El cuerno prominente sobre la cabeza del macho cabrío en Daniel 8:5 representa a Alejandro Magno (vers. 21). En 12 años y ocho meses él creó un imperio mundial cuya influencia todavía perdura en las sociedades occidentales. Alejandro "sacó al mundo civilizado de un carril y lo puso en otro; él comenzó una nueva época; ya nada sería igual. Expandió grandemente los límites del conocimiento y del esfuerzo humano, y les dio a la ciencia y la civilización griegas un campo de acción y una oportunidad que nunca habían tenido".[4] Alejandro tenía alrededor de 33 años cuando murió, en junio del 323 a. C., "estando en su mayor fuerza", sin tener un sucesor y dejando tras sí un enorme imperio sin líder. El imperio pronto se dividió en muchos estados separados que las luchas internas redujeron a cuatro principales. *Casandro* controló Macedonia, *Lisímaco* tomó Tracia y partes de Asia Menor, *Seleuco* gobernó sobre Siria y Babilonia, y Egipto quedó bajo el poder de *Tolomeo*. ¡La profecía se estaba cumpliendo con asombrosa exactitud!

El cuerno pequeño

El hecho de que el lenguaje usado para describir al cuerno pequeño en Daniel 8 hace eco del que se usa con los poderes mundiales previos, sugiere que el cuerno pequeño representa un nuevo imperio. Un par de ejemplos ilustrarán el punto. El texto describe la expansión política de los imperios medo-persa y griego, y lo mismo se aplica al cuerno pequeño (Dan. 8:9). Además, así como el imperio medo-persa "se engrandecía" (vers. 4) y el imperio griego "se engrandeció sobremanera" (vers. 8), así también el cuerno pequeño "creció mucho" (traducción literal, "creció o llegó a ser excesivamente grande"). Notamos un efecto de crescendo en la descripción del poder logrado por estos diferentes imperios, cada uno siendo más poderoso que el anterior, y el último alcanzando una grandeza sin igual.

El pasaje describe el origen del cuerno pequeño de una manera interesante: "Y de uno de ellos salió un cuerno pequeño" (vers. 9). ¿Qué significa eso? El versículo anterior terminó diciendo: "En su lugar salieron otros cuatro cuernos notables hacia los cuatro vientos de la tierra". Lo que antecede inmediatamente a la frase "de uno de ellos" es "los cuatro vientos", no necesariamente los cuatro cuernos, una interpretación que es confirmada por la gramática del texto. En hebreo los sustantivos y los pronombres tienen género, y la concordancia de ellos ayuda al intérprete a entender la relación entre los sustantivos y pronombres. Así ocurre en este caso particular: "De uno [femenino] de ellos [masculino]" sólo puede referirse a la frase anterior, "los cuatro vientos [femenino] del cielo [masculino]". El cuerno pequeño surge de uno de los cuatro vientos del cielo.[5] Según Daniel 7:2, "los cuatro vientos del cielo combatían en el gran mar" de donde subieron las cuatro bestias. Estos mismos vientos son el origen del cuerno pequeño, y por implicación lo asocian con una de las bestias que suben del mar.[6]

Una comparación del cuerno pequeño mencionado en Daniel 7 con el cuerno de Daniel 8 revela suficientes paralelismos para demostrar que ambos designan básicamente el mismo poder. Por ejemplo, el símbolo es el mismo: un cuerno; al principio el cuerno es pequeño pero luego se hace grande (Dan. 7:8, 20; 8:9); en ambos casos el cuerno es un poder perseguidor que ataca al pueblo de Dios (Dan. 7:21, 25, 27; 8:10, 24); se exalta a sí mismo (Dan. 7:8, 11, 20, 25; 8:10-12, 25); es un poder contrario a Dios, que aparece en el clímax de la visión (Dan. 7:8, 9, 21, 22, 25, 26; 8:12-14, 25); su actividad se extiende hasta el tiempo del fin (Dan. 7:25, 26; 8:17, 19); y es destruido sobrenaturalmente (Dan. 7:11, 26; 8:25).[7] Es difícil negar que los dos cuernos representan el mismo poder.

La diferencia significativa es que en Daniel 7 el cuerno pequeño —que representa a la Roma papal— surge de la cabeza de una bestia terrible que representa a la Roma pagana, mientras que en Daniel 8 el cuerno pequeño representa tanto a la bestia como al cuerno. Una parte del todo (el cuerno) simboliza al todo (la cuarta bestia de Daniel 7). Encontramos apoyo para esta conclusión en el hecho que en Daniel 8 el cuerno pequeño participa en una conquista *horizontal* —crece hacia el sur (Egipto), el oriente

(Siria) y hacia la tierra gloriosa (Israel) —, representando la actividad de la *Roma pagana* (Dan. 8:9). Pero también se engrandece contra el cielo (una expansión *vertical* contra el pueblo de Dios y el papel del Príncipe en el templo celestial): la obra de la *Roma papal* (vers. 10-12). Este cuerno incorpora la actividad de la bestia y su cuerno descrita en Daniel 7. Quizá la razón por la que Daniel 8 no menciona a la bestia espantosa es porque los animales usados para representar a los reinos (el carnero y el macho cabrío) son animales limpios, mientras que una bestia como ésa sería considerada inmunda. Eso habría distorsionado la conexión entre la visión y el santuario.

Ideas y conceptos levíticos en Daniel 8

Daniel 8 no sólo describe el surgimiento y caída de los reinos, sino también lo que Dios está haciendo para beneficio de su pueblo, y cómo el cuerno pequeño se opone a esa obra de redención. Por consiguiente, en la visión encontramos imágenes y terminología empleada en los servicios del santuario para describir la obra de Dios por su pueblo, así como también terminología militar aplicada a lo que el cuerno hace. Algunos ejemplos aclararán lo que estamos diciendo.

Ya hemos mencionado que los símbolos del carnero y el macho cabrío eran animales limpios usados como víctimas para los sacrificios en los servicios del santuario. Notemos también que se emplean dos términos para referirse al templo: "el lugar de su santuario [*miqdash*]" (Dan. 8:11), y "santuario [*qodesh*]" (vers. 13). La conexión [de ambos términos] con el santuario y sus servicios difícilmente podría ser más explícita. El pasaje llama "santo" a un ángel (vers. 13). Sólo los santos podían oficiar en el santuario. De hecho, el concepto de "santidad" es de importancia capital en los servicios del santuario, y una responsabilidad sacerdotal era distinguir entre lo santo y lo profano (Lev. 10:10). El término "ejércitos" (Dan. 8:11) aparece en el contexto del santuario así como también en el de la guerra. La Escritura lo usa para designar a un grupo de guerreros (2 Crón. 26:11- 15), y los levitas, al igual que un ejército, estaban encargados de proteger la santidad del santuario (Núm. 3:23, 30; 8:24, 25). Estos últimos debían detener a cualquier costo a toda persona que intentara violar la santidad del tabernáculo (Núm. 1:51).

Otros términos usados en el contexto del santuario son: "cuerno" (Dan. 8:9), que nos recuerda los cuernos del altar (Éxo. 27:2; 29:12); "verdad" (Dan. 8:12), que en Malaquías 2:6 se refiere a la instrucción dada por el sacerdote al pueblo; y "prevaricación" (Dan. 8:12), mencionado en Levítico 16:16 entre los pecados que el Señor estaba presto para expiar durante el Día de la Expiación. De particular importancia es el término "el continuo" (Dan. 8:11; erróneamente traducido "continuo sacrificio") usado en el santuario para designar la obra continua/diaria del sacerdote. El Antiguo Testamento lo emplea en conjunción con el holocausto (Éxo. 29:42), el "pan de la proposición" (Éxo. 25:30), el fuego de las lámparas (Éxo. 27:20), la ofrenda del incienso (Éxo. 30:8), etc. En otras palabras, el término designaba las diferentes actividades realizadas continuamente por el sacerdote en el santuario. Éstas incluían los ritos que se hacían tanto en el atrio como en el lugar santo del santuario. El término nunca se aplicaba a la obra del sumo sacerdote en el lugar santísimo. "Continuo" (Heb. *tamid*) especificaba la obra de mediación e intercesión diaria/continua del sacerdote en el santuario a favor de su pueblo. Daniel 8:14 se refiere al servicio anual a través del verbo "purificar/vindicar" (Heb. *nitsdaq*), que la Escritura también emplea en el contexto del santuario (véase el siguiente capítulo).

El título "príncipe de los ejércitos" también es importante en el contexto del santuario. El "ejército/hueste" mencionado aquí es el celestial, y este Príncipe está a cargo de él (Dan. 8:11). El término "príncipe" generalmente se refiere a un líder militar o de la realeza (1 Sam. 17:52; Jer. 26:11), pero puede también señalar a los sumos sacerdotes (1 Crón. 24:5; Esd. 8:24). En Daniel 8 el título "Príncipe" combina las ideas de realeza y liderazgo con las funciones sacerdotales. De hecho, el pasaje enfatiza la función sacerdotal del Príncipe porque él se halla realizando los servicios diarios a favor de su pueblo. ¿Quién es el Príncipe de los ejércitos celestiales? El título completo aparece en Josué 5:13-15 para designar a un ser celestial igualado al Señor mismo (Jos. 6:2). Nosotros los cristianos lo identificamos como el Hijo de Dios.

Es realmente asombroso encontrar en Daniel 8 tanta terminología relacionada con el santuario. Su uso indica una conexión entre el capítulo y los servicios del santuario. Por lo tanto, debiéramos emplear pasajes relacionados con el santuario y sus servicios para clarificar lo que Daniel busca comunicar. El profeta presupone que sus lectores están relacionados con tales pasajes.

La obra del cuerno pequeño

La terminología relacionada con el santuario no sólo clarifica lo que Dios está haciendo por su pueblo a través del "Príncipe de los ejércitos", sino también la naturaleza y obra del cuerno pequeño: básicamente, un poder anti santuario que se opone a la obra sacerdotal del Príncipe, ataca al santuario y al Príncipe en un esfuerzo por usurpar su obra sacerdotal. Las ideas e imágenes militares del santuario terrenal se combinan para describir la ofensiva del cuerno pequeño. Al comienzo de la lucha el cuerno pequeño confrontó al "ejército", que, al igual que los levitas del Antiguo Testamento, protegían la santidad del santuario celestial. El cuerno pequeño fue capaz de vencer a "parte" del ejército, abriendo una brecha que le permitió seguir tras el Príncipe. Pero el cuerno pequeño sólo pudo usurpar la obra del Príncipe —"por él fue quitado el continuo" (Dan. 8:11)—, y en un acto de "prevaricación" colocó o instaló a su propio "ejército" sobre o en control del continuo (vers. 12). La verdad del santuario fue rechazada y echada por tierra. Esta vívida descripción del daño causado por el cuerno pequeño halló su cumplimiento en la apostasía de la iglesia cristiana anunciada por Pablo (2 Tes. 2:4-12), resultando en la remoción de Cristo como nuestro único y exclusivo Mediador ante el Padre, y en la introducción dentro de la iglesia cristiana de muchas otras figuras mediadoras entre Dios y la iglesia creyente (e.g., un sistema sacerdotal humano, las almas de los apóstoles y de los mártires, María y el sacrificio de la eucaristía). La iglesia se consideró a sí misma como el santuario celestial y el sistema sacerdotal llegó a considerarse el único instrumento de la dispensación de la gracia a la humanidad.

La obra del Príncipe

El hecho de que el cuerno pequeño usurpó el papel del Príncipe y estableció un sistema sacerdotal falso no significa que la obra del Príncipe/Sacerdote celestial terminó. Simplemente quedó oscurecida. Quienes se consagran a él siguen disfrutando de su mediación en el santuario celestial, un proceso descrito por Daniel en términos de la obra diaria del sacerdote en el lugar santo del santuario terrenal. Pero el sumo sacerdote también realizaba un servicio anual y Daniel lo usó para referirse a lo que el Príncipe hizo poco antes de la destrucción del cuerno pequeño y el establecimiento del reino de Dios. Una vez al año el santuario terrenal era purificado y, de acuerdo con Daniel 8:14, al final de los 2300 días/años comenzaría una purificación cósmica conducente a la salvación del pueblo de Dios y a la destrucción del cuerno pequeño.

La pregunta y la respuesta

La visión se convierte ahora en una audición; es decir, el profeta oye a Dios revelando algo. Él escucha una conversación entre dos seres celestiales, que involucra el asunto del tiempo. Se trata de una pregunta seguida por su respuesta: "¿Hasta cuándo durará la visión del continuo sacrificio y la prevaricación asoladora entregando el santuario y el ejército para ser pisoteados?" (Dan. 8:13). Permítame compartir una traducción más literal: "¿Hasta cuándo la visión, el continuo, y la rebelión causando desolación para entregar al santuario y al ejército para ser pisoteados?"

"Hasta cuándo" pone el énfasis en el punto final del período y de lo que sigue. Así que la pregunta trata del momento cuando la visión termina, una conclusión que es apoyada por la forma de la respuesta: "Hasta... entonces" (vers. 14). Note que las palabras "del" y "sacrificio" no aparecen en el texto hebreo original. La pregunta está estructurada de la siguiente forma:

"¿Hasta cuándo la visión,

el continuo,

la rebelión causando desolación

para entregar al santuario y al ejército

para ser pisoteados?"

El término "visión" se refiere a toda la visión de Daniel 8, comenzando con el carnero y terminando con la usurpación del cuerno pequeño (véase Daniel 8:1). La pregunta clarifica que la "visión" es la que trata de la obra sacerdotal del Príncipe ("el continuo") y el plan malvado del cuerno pequeño ("la prevaricación").[8] *La pregunta no es sobre cuánto tiempo el cuerno pequeño profanará el santuario, sino sobre cuándo se cumplirá todo el contenido de la visión.* La respuesta indica que el cumplimiento de *toda la visión* tomará 2300 días/años. Al final de ese período la usurpación del cuerno pequeño de la obra sacerdotal del Mesías llegará a su fin con el día escatológico de la expiación.

Las 2300 tardes y mañanas

Las versiones griegas y latinas de la Biblia han interpretado las 2300 tardes y mañanas como "días". Ellas dicen: "Dos mil trescientos días, tardes y mañanas".[9] Esto es entendible porque la frase "tardes y mañanas" designa a un día completo en el Antiguo Testamento (véase Gén. 1:15-31). Siendo éste el caso, tenemos que tomar a los 2300 días contextualmente como un símbolo de años. Tal como lo hemos indicado, la pregunta era cuándo se cumplirá toda la visión, la cual incluye el continuo y la prevaricación del cuerno pequeño. Esa visión se remonta hasta el tiempo del imperio medo-persa y cubre los imperios griego y romano (en sus etapas pagana y eclesiástica). La historia de estos imperios cubre mucho más que 2300 días literales. Sin lugar a dudas se trata de días proféticos que representan años.

La visión no nos da un día específico para iniciar los 2300 años, pero nos ofrece un punto de referencia general. Siendo que la visión comienza con un carnero que representa al imperio medo-persa, entonces los 2300 años inician en algún punto durante ese imperio particular. También sabemos que cuando éstos terminen comenzará el Día de la Expiación escatológico. Daniel 9 nos provee una fecha más específica para el comienzo de los 2300 años.

Debiéramos notar, además, que los paralelismos entre Daniel 7 y 8 indican que el juicio en el capítulo 7 y la purificación del santuario en el capítulo 8 están relacionados y señalan hacia el mismo evento final: la consumación de nuestra salvación. Una visión apocalíptica nos ayuda a entender mejor la otra visión apocalíptica. La obra que el Príncipe realiza ante Dios en el santuario celestial asegura la victoria del pueblo de Dios. Su obra de mediación no debe separarse de la muerte del Mesías predicha en Daniel 9.

---

[1] John E. Goldingay, *Daniel* (Dallas: Word, 1989), pág. 208; Gerhard F. Hasel, "The First and Third Years of Belshazzar (Dan. 7:1; 8:1)", *Andrews University Seminary Studies*, No. 15 (1977), págs. 153-168.

[2] T. Cuyler Young, hijo, "The Early History of the Medes and the Persians and the Achaemenid Empire to the Death of Cambyses", en John Boardman, N. G. L. Hammond, D. M. Lewis y M. Ostwald, eds., *The Cambridge Ancient History* (Cambridge: University Press, 1988), tomo 4, pág. 36.

[3] Pierre Briant, "Persian Empire", en David Noel Freedman, ed., *The Anchor Bible Dictionary* (Nueva York: Doubleday, 1992), tomo 5, pág. 238.

[4] W. W. Tarn, "Alexander: The Conquest of the Far East", en *The Cambridge Ancient History*, tomo 6, pág. 436.

[5] William H. Shea, *Selected Studies on Prophetic Interpretation*

(Wáshington, D. C.: Review and Herald, 1982), págs. 41-43.

6 J. Doukhan, *Secrets of Daniel*, pág. 125.

7 Los paralelismos vienen de William H. Shea, "Unity of Daniel", en Frank B. Holbrook, ed., *Symposium on Daniel* (Wáshington, D. C.: Biblical Research Institute, 1986), págs. 187-189.

8 Véase James A. Montgomery, *A Critical and Exegetical Commentary on the Book of Daniel* (Edinburgh: T&T Clark, 1979), quien escribe: "Los asuntos subsecuentes [el continuo, la prevaricación desoladora, etc.] son epexegéticos a la 'visión', y detallan su contenido principal" (pág. 341).

9 Véase Collins, *Daniel*, págs. 326, 327. Goldingay, *Daniel*, pág. 213, interpreta la frase "tardes y mañanas" como días.

CINCO

Daniel 9: La venida del Mesías

Dos personajes importantes realizan en Daniel 9 una obra similar de intercesión y mediación: Daniel y el Mesías venidero. El capítulo, como un todo, trata el problema del pecado, la necesidad de eliminarlo, y el importante papel de un Mediador entre Dios y la humanidad para reconciliarlos. La obra de los mediadores humanos es un pálido reflejo del papel del Mesías y, por lo tanto, su mediación tiene serias limitaciones. Sin embargo, un estudio de la oración de Daniel ilustra la naturaleza de la mediación profética, que halla su más profundo cumplimiento en Cristo.

El papel de Daniel como intercesor

La oración de Daniel expresa sus sentimientos más profundos por su pueblo, por la seriedad de sus pecados, y por su Dios. Notamos la angustia de su alma mientras ora; pero al mismo tiempo observamos esperanza, basada en su conocimiento del Dios de Israel como una Deidad amorosa y perdonadora. Así que Daniel se acerca a Dios con plena confianza. Al hacerlo nos muestra algunas características fundamentales de un mediador profético, una función que apunta hacia el Mesías venidero.

1. *Súplicas por otros.* Un mediador/intercesor busca el beneficio de los demás. Daniel ora en favor del pueblo y sus líderes en Jerusalén, Judá y todo otro lugar (Dan. 9:7). Sus condiciones espirituales y sociales hacen necesaria —e incluso indispensable— la intervención de Dios en sus vidas e historia. El profeta se halla solo ante el Señor como representante del pueblo, expresando su extrema necesidad. Jesús también intercede por los demás, no por sí mismo: "Por lo cual puede también salvar perpetuamente a los que por él se acercan a Dios, viviendo siempre para interceder por ellos" (Heb. 7:25).

2. *Se identifica con los pecadores.* Daniel no sólo confesó el pecado de los reyes, los príncipes y los padres, sino que se incluyó él mismo entre los pecadores. "Oh Jehová... contra ti *pecamos*" (Dan. 9:8); "contra él *nos hemos* rebelado" (vers. 9); "no obedecimos a la voz de Jehová nuestro Dios" (vers. 10). Pero su identificación con los pecadores está basada en el hecho de que él es un pecador que necesita perdón. En el caso de Cristo encontramos una diferencia radical entre su mediación y la de los profetas. Cristo no cometió pecado (Heb. 4:15) y, por lo tanto, no tuvo necesidad de confesar pecados personales u ofrecer sacrificios de perdón individual (Heb. 7:26, 27). Sin embargo, él se identificó de manera sin igual con los pecadores: "Al que no conoció pecado, por nosotros lo hizo pecado, para que nosotros fuésemos hechos justicia de Dios en él" (2 Cor. 5:21).

3. *Reconoce la justicia y el amor de Dios*. El mediador no sólo representa al pueblo ante Dios, sino también a Dios ante el pueblo. Daniel describe al Señor en su oración intercesora como justo y misericordioso (Dan. 9:7, 18). Él reconoce el pecado del pueblo y al mismo tiempo proclama que Dios es justo en su juicio contra ellos. Fue en la cruz de Cristo donde Dios se reveló a sí mismo como justo al condenar el pecado y perdonar a los pecadores: "A quien Dios puso como propiciación... con la mira de manifestar en este tiempo su justicia, a fin de que él sea justo, y el que justifica al que es de la fe de Jesús" (Rom. 3:25, 26). La justicia y la misericordia de Dios quedaron expresadas en perfecta armonía a través de la persona y el sacrificio del Mediador mismo.

4. *Confianza en la misericordia de Dios*. Estrechamente relacionado con lo que acabamos de decir, está el hecho de que Daniel confió completamente en la misericordia de Dios. Él oró: "No elevamos nuestros ruegos ante ti confiados en nuestras justicias, sino en tus muchas misericordias" (Dan. 9:18). Ningún logro humano puede darnos el derecho de aproximarnos a Dios por nuestra cuenta, demandándole que nos conceda lo que necesitamos. No merecemos perdón, pero él nos lo otorga gracias a sus "muchas misericordias". De hecho, el profeta se dirige a Dios porque sabe que es un Dios amante: "De Jehová nuestro Dios es el tener misericordia y el perdonar, aunque contra él nos hemos rebelado" (vers. 9). El valor y efectividad de la intercesión y mediación se halla precisamente en el hecho de que Dios está siempre dispuesto a perdonar y busca un canal a través del cual su amor perdonador pueda alcanzarnos. Jesús dijo: "Pues si vosotros, siendo malos, sabéis dar buenas dádivas a vuestros hijos, ¿cuánto más vuestro Padre celestial dará el Espíritu Santo a los que se lo pidan?" (Luc. 11:13). Solamente por medio de él (Juan 16:24) podemos acercarnos al Dios amoroso y justo que Cristo nos reveló .

El papel del Mesías

La segunda parte de Daniel 9 trata de la venida del Mesías y su obra en favor del pueblo de Dios. Esta es una de las profecías mesiánicas más importantes de la Biblia, no sólo porque describe de manera incomparable el resultado de su obra, sino especialmente por la información detallada que proporciona referente al momento histórico durante el cual aparecería. Veremos primero su obra y sus resultados.

1. Terminar la prevaricación (Dan. 9:24). El verbo "terminar" puede traducirse también como "finalizar" o "eliminar". La palabra hebrea traducida como "transgresión" es *pesha'*, posiblemente una de las palabras más importantes para referirse al pecado en el Antiguo Testamento. Esta voz designa un acto criminal que resulta en relaciones quebrantadas, ya sea con la sociedad humana o con Dios. El verbo significa "romper con". Este tipo de pecado afectaba de una manera especial la soberanía de Dios, requiriendo su juicio o una expresión de su gracia perdonadora.[1] "Todo el que comete pesha' no sólo se rebela o protesta contra Yavé sino que rompe con él, y se lleva, roba, o apropia ilícitamente lo que es de Dios. Aunque eso siempre implica una conducta consciente, el término *mismo* no describe la actitud sino el acto criminal, que consiste en llevarse una posesión o romper una relación".[2] Cuando algo quebranta una relación se hace necesario reconciliar a las partes involucradas a fin de restablecer la armonía social o espiritual. Cristo terminó con el pecado —definido como la ruptura de nuestra relación con Dios— al reconciliarnos con él: "Dios estaba en Cristo reconciliando consigo al mundo" (2 Cor. 5:19).

2. *Poner fin al pecado* (Dan. 9:24). El verbo traducido "poner fin" significa literalmente "sellar", pero podría expresar la idea de "cerrar con sello, almacenar". Algunos otros pasajes lo usan en conjunción con la palabra "pecado" para indicar que el Señor almacena el pecado hasta el día de la venganza cuando castigará a los pecadores según lo merecen (Deut. 32:34, 35; Ose. 13:12). El acto de sellar los pecados en Daniel no señala un castigo en el futuro distante, más bien "significa que el pecado está perdonado".[3] La palabra usada para "pecado" es *jatta'th*, un término

amplio que define al pecado como un "error" o "equivocación". La forma verbal significa "errar el blanco". La raza humana no ha sido capaz de vivir a la altura de las normas divinas pero la visión anuncia que el Mesías se encargará de nuestras fallas. Él tomó nuestro pecado sobre sí, terminando con él: "Quien llevó él mismo nuestros pecados en su cuerpo sobre el madero... y por cuya herida fuisteis sanados" (1 Ped. 2:24). Nuestros pecados fueron, por así decirlo, "sellados", almacenados en la cruz donde se pagó el castigo que merecían sus autores.

3. *Expiar la iniquidad* (Dan. 9:24). El verbo "expiar" aparece con frecuencia en el libro de Levítico para referirse al proceso por medio del cual el pecado era quitado del pecador y transferido a la víctima del sacrificio, y finalmente al santuario. El pecador arrepentido se retiraba del santuario limpio de su pecado y en armonía restaurada con Dios. Daniel 9 emplea ahora un nuevo término para pecado: "iniquidad" (Heb. *'awon*), expresando la idea de pecado como una acción torcida o una perversión de lo que es correcto. Cristo se encargó del pecado en todas sus formas y los expió para nuestro beneficio: "Y él es la propiciación por nuestros pecados; y no solamente por los nuestros, sino por los de todo el mundo" (1 Juan 2:2). "Y sabéis que él apareció para quitar nuestros pecados, y no hay pecado en él" (1 Juan 3:5).

4. *Traer la justicia perdurable* (Dan. 9:24). La justicia traída por el Mesías fue permanente y definitiva. La palabra hebrea traducida aquí como "justicia" es *tsedeq*, que significa "rectitud", "lo que es correcto" (Lev. 19:36); "la cosa correcta, lo que es honesto" (Prov. 8:8; 12:17); "equidad", "lealtad con el prójimo" (Lev. 19:15); y "salvación" (e.g., Sal. 119:123). Designa un estado de orden social y religioso divinamente establecido que podía ser interrumpido por el pecado, haciendo necesario que Dios lo restaurara por medio de juicio, purificación y/o perdón. El Mesías traería la justicia perdurable en el sentido de que a través de él Dios le devolvería el orden social, religioso y cósmico a un mundo lleno de pecado y desorden. Él lograría esta meta particular a través de un juicio salvador y punitivo (Isa. 11:4, 5), y por medio de

la purificación y el perdón (Isa. 53:11, 12).

Jesús fue un instrumento de Dios para restaurar el orden en nuestro mundo de pecado haciendo posible para nosotros restablecer una relación apropiada con Dios a través de su propio sacrificio: "Pero ahora, aparte de la ley, se ha manifestado... la justicia de Dios por medio de la fe en Jesucristo, para todos los que creen en él" (Rom. 3:21, 22). Este restablecimiento personal y cósmico del orden alcanzará su consumación cuando Dios establezca su reino eterno en nuestro planeta. Daniel 9:24 introduce esta justicia —que trae salvación y purificación— y Daniel 8:14 la describe alcanzando su consumación durante el Día de la Expiación escatológico.

5. *Sellar la visión y la profecía* (Dan. 9:24). El acto de sellar la visión y la profecía implica un elemento de determinismo en ella, asegurándonos de esa forma que se cumplirá. Sellar significa autenticar algo o afirmar su carácter genuino. Cuando se la aplica a la profecía, la metáfora significa que la profecía es autenticada cuando lo que se anunciaba halla su cumplimiento en la historia. Entonces la profecía y el profeta mismo quedan vindicados e identificados claramente como instrumentos de Dios. La profecía tratada aquí es la profecía mesiánica de las 70 semanas cuyo cumplimiento no deja dudas de que Dios habló a través de Daniel, y que el resto de sus profecías también se cumplirán. El Nuevo Testamento considera que la venida de Cristo como Mesías fue el cumplimiento de las predicciones proféticas (e.g., Mat. 2:5, 6). Pero las profecías de tiempo también jugaron un papel importante en señalar a Cristo como el Mesías. Por ejemplo, Pablo escribió: "Pero cuando vino el cumplimiento del tiempo, Dios envió a su Hijo, nacido de mujer y nacido bajo la ley" (Gál. 4:4). El énfasis aquí no es tanto en su nacimiento sino en su obra, por medio de la cual llegamos a ser hijos de Dios, un cumplimiento de las profecías mesiánicas.

6. *Ungir al santo de los santos* (Dan. 9:24). La frase "santo de los santos" "siempre se refiere a lugares u objetos (el tabernáculo o templo, especialmente su parte más interior, además de sus alta-

res, vasos, incienso, sacrificios, etc.)".[4] Aquí, la referencia no es al lugar santísimo del santuario, sin embargo, porque en tales casos el artículo acompaña a la frase en hebreo, mientras que en Daniel el artículo está ausente. El término nunca designa a una persona, como por ejemplo el sumo sacerdote. Por lo tanto, la mejor interpretación lingüística es decir que se refiere al santuario/templo y sus objetos sagrados. Éxodo 30:26-29 registra el ungimiento del santuario terrenal en el cual Dios ordenó a Moisés ungir la tienda de la reunión, los muebles, los altares y los utensilios. A través de ese ritual llegaban a ser "santísimos". Daniel también combina el verbo "ungir" y la frase "santo de los santos", indicando que se está refiriendo al ungimiento del santuario celestial, en el cual el Mesías iniciaría su ministerio sacerdotal hacia el final de las 70 semanas. El libro de Hebreos aclara que después de su muerte Cristo ascendió al cielo, entró en el santuario celestial y comenzó su obra de mediación, inaugurando así una vía de acceso a Dios (Dan. 9:12; 10: 19, 20). Allí él fue entronizado como rey y sacerdote.

7. *Se quitará la vida al Mesías* (Dan. 9:26). Esta es una de las predicciones bíblicas más claras respecto a la muerte del Mesías que sugiere, además, por medio del uso del verbo *karat* ("eliminar, exterminar"), la naturaleza violenta de esa muerte. En las secciones legales del Pentateuco el verbo designa comunmente a una persona condenada a muerte.[5] Daniel 9:26 podría haber estado en la mente de Cristo cuando, en ocasión del arresto, dijo a sus discípulos: "Mas todo esto sucede, para que se cumplan las Escrituras de los profetas" (Mat. 26:56). O cuando anunció a sus discípulos que tenía que ir a Jerusalén para morir violentamente, pero que en el tercer día resucitaría (Luc. 18:31-33). Pablo probablemente usó esta profecía, entre otras, para demostrar con las Escrituras que Cristo tenía que sufrir y resucitar de los muertos (Hech. 17:3).

8. *Hará cesar el sacrificio y la ofrenda* (Dan. 9:27). El verbo hebreo traducido como "cesar" es *shabat* ("descansar, cesar, parar"), y la forma verbal específica usada por Daniel significa

"poner fin a, concluir, remover". Esto es un claro anuncio del fin del sistema de sacrificios del Antiguo Testamento. En el plan de Dios ese sistema tenía un papel particular que cumplir, pero con la llegada del Mesías esa función ya no sería necesaria. El sacrificio del siervo del Señor anunciado en Isaías 53 sería el único que podría eliminar el pecado. El Nuevo Testamento consideraba al sistema de sacrificios como una sombra o tipo del sacrificio de Jesús (Heb. 10:1). Su sacrificio trajo redención, purificación y perdón del pecado, haciendo absolutamente innecesario para nosotros ofrecer cualquier otro sacrificio por nuestros pecados (vers. 14-18). Jesús mismo anunció el fin del sistema de sacrificios cuando le dijo a la mujer samaritana que llegaría el tiempo cuando Dios no sería adorado "ni en este monte ni en Jerusalén" (Juan 4:21).

9. *Confirmará el pacto* (Dan. 9:27). El verbo *gabar* ("confirmar") significa "ser superior, fuerte" y prácticamente siempre expresa la idea de superioridad. "Confirmar el pacto" implica que este pacto es mejor y superior. Es mejor porque no está limitado a algún grupo étnico particular, sino que ha sido hecho con "muchos", es decir, para beneficio de toda la humanidad. Y es firme porque es permanente. En el Nuevo Testamento Jesús hizo un pacto firme que incluyó no sólo a los judíos sino también a los gentiles y, por lo tanto, era de extensión universal (Mat. 26:28). El evangelio debía alcanzar tanto a judíos como a gentiles, porque ambos necesitaban la salvación. El pacto de Dios es firme o fuerte en que no se terminará, porque el Mediador es Cristo, el Hijo de Dios (Heb. 9:15). Su ministerio es superior al levítico por "cuanto es mediador de un mejor pacto" (Heb. 8:6).

Cronología de las 70 semanas

La profecía mesiánica que acabamos de discutir encontraría su cumplimiento dentro de un período de 70 semanas. La información cronológica provista por el texto mismo muestra que las 70 semanas comprenden un período de 490 años (70 x 7 = 490 días/años). El pasaje cita un evento específico que marcaría el inicio del período profético que llevaría a la venida del Mesías.

El decreto. La profecía busca identificar tanto como sea posible el evento histórico que iniciaría el período de 490 años. Es un decreto real que autoriza dos sucesos conectados con la ciudad de Jerusalén: "*La orden para restaurar y edificar* a Jerusalén" (Dan. 9:25). El segundo verbo, "edificar", enfatiza la idea de una reconstrucción física de la ciudad a fin de hacerla habitable. El verbo "restaurar" (Heb. *shub*) se refiere a algo diferente, haciendo más fácil identificar el decreto específico mencionado en el texto. El Antiguo Testamento nunca usa este verbo para la reconstrucción física de un edificio o ciudad.[6] Cuando se lo emplea en conexión con una ciudad significa regresarla a sus dueños originales para ser gobernada de acuerdo con sus leyes (1 Rey. 20:34).

Un buen paralelo para el uso del verbo *shub* ("*restaurar*") en Daniel ocurre en 2 Reyes 14:22. El pasaje describe al rey Azarías diciendo que "reedificó [*banah*] él a Elat, y la restituyó [*shub*] a Judá". El verbo "restaurar" significa que la ciudad iba a funcionar como una ciudad gobernada por el pueblo de Judá de acuerdo con sus propias leyes y como parte de sus territorios. El decreto mencionado en Daniel no sólo requería la reconstrucción de la ciudad sino también el retorno de los judíos para que ellos gobernaran según sus propias leyes. Sólo un decreto cumple con ambos requerimientos: el de Artajerjes I en el año 457 a. C.

Autorizado por el rey, Esdras comenzó la reconstrucción de la ciudad tan pronto como él y los exiliados llegaron a Jerusalén (Esd. 4:7-23). El proyecto pronto se detuvo, no porque careciera del permiso del rey sino por el temor a una insurrección una vez que la ciudad estuviera reedificada. En el tiempo de Nehemías se reactivó el decreto, y él fue a Jerusalén a reedificarla (Neh. 1:1-11). El decreto de Artajerjes también autorizó a los judíos a gobernarse ellos mismos sobre la base de su propio sistema legal y a reforzarlo nombrando "jueces y gobernadores que gobiernen a todo el pueblo que está al otro lado del río, a todos los que conocen las leyes de tu Dios; y al que no las conoce, le enseñarás"

(Esd. 7:25). Quienes violaban la ley se enfrentaban a la pena de muerte, el destierro, etc. La ciudad fue restaurada por los judíos, según se indicaba en Daniel 9:25.

Siete semanas y sesenta y dos semanas. La visión dividía las 70 semanas en varias secciones, siendo la primera un período de siete semanas que no tiene ningún evento específico asociado en forma explícita con él. El contexto parece sugerir que las siete semanas se refieren al período durante el cual ocurriría la reconstrucción de la ciudad. Si le sumamos 62 semanas, nos llevará hasta el Ungido, el ministerio de Cristo, *el Mesías.* Contando a partir del año 457 a. C., las 69 semanas, o 483 años, se extienden hasta el año 27 d. C.,[7] cuando Jesús fue bautizado por Juan el Bautista, fue ungido por el Espíritu Santo e inició su ministerio público (Luc. 3:21, 22).

Septuagésima semana. Durante la semana en que muere el Mesías (Dan. 9:26), se establece un pacto con "muchos", y el sistema de sacrificios llega a su fin (vers. 27). Su muerte ocurre a la mitad de la semana porque es en ese momento cuando, desde la perspectiva de Dios, se hace el pacto y cesa el sistema de sacrificios. Los tres años y medio nos llevarán del año 27 al 31 d. C., cuando Cristo fue crucificado y puso a disposición nuestra todos los beneficios mencionados en Daniel 9:24. El resto de la semana profética se extiende hasta el año 34 d. C., cuando termina la profecía de las 70 semanas. El año 34 d. C. "marca un evento que ha tenido un impacto considerable sobre la civilización y que también ha sido clave para la salvación de la humanidad. Fue el año en que el mensaje del Dios de Israel resonó más allá de los límites de Palestina y alcanzó a los gentiles, los 'muchos' recién mencionados (Hech. 8). Es también el año de la conversión de Pablo y de la comisión que Cristo le dio (Hech. 9). Y también es el año en que Dios derramó el Espíritu Santo sobre los gentiles y Pedro recibió una extraña visión exhortándole a predicar a los gentiles".[8]

Caída de Jerusalén. Aunque Daniel 9:25-27 menciona la destrucción de Jerusalén, nunca la asocia con un momento histórico particular dentro de la cronología de las 70 semanas. Más bien el pasaje se enfoca en las actividades o experiencias del Mesías. La visión introduce la caída de la ciudad después de la muerte del Mesías, pero no señala si ocurriría durante la última parte de la última semana. La desolación de la ciudad al parecer es decretada durante las 70 semanas (Luc. 13:35), pero halla su cumplimiento en el año 70 d. C., cuando el ejército romano arrasó con el templo y la ciudad.

Conexión entre Daniel 8 y 9

Daniel 9 da por sentada la visión registrada en el capítulo 8 y es en realidad una respuesta a las preocupaciones de Daniel surgidas en esa visión. Posiblemente el aspecto más importante de la conexión entre los dos capítulos es que Daniel 9 provee una pieza de información indispensable para el entendimiento apropiado de la visión registrada en el capítulo 8, específicamente la interpretación de los 2300 años. Daniel 8 nos informa que debemos contar los 2300 años desde el tiempo del imperio medo-persa, pero el capítulo 9 nos da el punto específico de inicio, es decir, 457 d. C. Varias conexiones lingüísticas y conceptuales entre los dos capítulos apoyan esa conclusión.

Al final de Daniel 8 el profeta se halla confundido acerca de la visión de los 2300 años. En el capítulo 9 el mismo ángel Gabriel, quien habló con Daniel en el capítulo 8, regresa para clarificar la visión. Aquí el término visión es importante. Daniel 8 usa dos palabras para visión. La primera, *jazon*, se refiere a la totalidad de la visión, mientras que *mar'eh* indica sólo el aspecto de la visión que trata de la conversación de los dos ángeles y los 2300 años (Dan. 8:26: "La visión [*mar'eh*] de las tardes y mañanas que se ha referido es verdadera; y tú guarda la visión [*jazon*], porque es para muchos días"). Daniel escribe: "Estaba espantado a causa de la visión [*mar'eh*], y no la entendía [*bin*]" (vers. 27). Cuando el ángel Gabriel regresa junto a Daniel en el capítulo 9, le dice: "Entiende, pues, la orden, y entiende [*bin*] la visión [*mar'eh*]"

(Dan. 9:23). Siendo que Daniel no pudo captar el significado de la visión de las tardes y mañanas, vino el ángel para proveerle información que lo ayudara a darse cuenta que la profecía no tenía que ver con la experiencia de los judíos en el imperio medopersa. Señalaba hacia la venida del verdadero Mesías y hacia un futuro distante, al tiempo en que se consumaría la obra de juicio del Mesías (Daniel 7) y la purificación en el santuario celestial (Daniel 8:14). Desde la perspectiva de Daniel, era un futuro distante, extendiéndose desde el año 457 a. C. hasta 1844 d. C. Por lo tanto, las 70 semanas (490 años) comprenden parte de los 2300 años, pero fueron "cortadas" [RV, "determinadas"] de ese largo período profético (Dan. 9:24). El verbo *jathak*, traducido "determinadas", aparece en la literatura cananea donde significa, entre otras posibilidades, "hijo".[9] El hijo es en cierto sentido un "fragmento" de los padres, así que él o ella era, por decirlo así, "cortado" de ellos. Uno puede sugerir que el período de las 70 semanas es el "hijo" de los 2300 años. La visión los separa a fin de arrojar algo de luz sobre el período más largo.

La profecía de las 70 semanas complementa la visión de los 2300 años proveyendo una fecha específica para su inicio y presentando al Mesías como quien se encargará de una manera definitiva del problema del pecado. Daniel 8 nos muestra al Mesías como un sacerdote que intercede por nosotros en el santuario celestial, mientras que en Daniel 9 lo vemos iniciando ese ministerio al ungir el santuario celestial. Uno pone el énfasis en el inicio de la obra del Mesías; el otro señala la consumación de esa obra de juicio, purificación y salvación. Lo que en Daniel 7 y 8 quedó sin especificar: el tiempo del comienzo del último juicio en el cielo y la fecha del comienzo del día de la expiación, respectivamente, es revelado finalmente en Daniel 9. El Señor quiere que conozcamos esas profecías a fin de que nos demos cuenta de que el tiempo para la restauración de todas las cosas está cerca y que necesitamos concentrarnos en lo que de verdad es importante: nuestra relación con el Señor y la impartición de este mensaje a otros.

[1] R. Knierim, *"Pesha crime"*, en Ernst Jenni y Claus Westermann, eds., *Theological Lexicon of the OT* (Peabody, Mass.: Hendrickson Pub., 1997), tomo 2, pág. 1036.

[2] *Ibíd*.

[3] B. Otzen, *"Chatam"*, en *Theological Dictionary of the OT*, tomo 5, pág. 268.

[4] John Goldingay, *Daniel*, pág. 229.

[5] Doukhan, *Daniel*, pág. 148.

[6] Para tener un trasfondo en esta sección, véase Brempong Owusu-Antwi, *The Chronology of Daniel 9:24-27* (Berrien Springs, Mich.: Adventist Theological Society, 1995), págs. 131-136.

[7] Si uno resta 457 a 483, el resultado son 26 años, no 27. La razón es que en la resta el año 1 a. C. y el 1 d. C. se hacen uno, dejando fuera del cálculo un año. A fin de llegar a la fecha correcta, tenemos que añadirle un año al resultado.

[8] Doukhan, *Daniel*, pág. 151.

[9] G. del Olmo y Lete J. Samartin, *Diccionario de la lengua ugarítica* (Barcelona: Editorial AUSA, 1996), tomo 1, pág. 183. La forma pasiva del sustantivo jathak significa "hijo", pero la activa significa "progenitor".

El Día de la Expiación escatológico

La ciencia ficción nos ha transportado a galaxias lejanas para visitar incontables planetas habitados por una gran diversidad de vida inteligente. Nos cuenta historias de conflictos cósmicos entre diferentes fuerzas del universo y su amenaza potencial para la vida humana en nuestro planeta. Los escritores de ciencia ficción han extendido al universo el angustioso problema que experimentamos en nuestro pequeño planeta. La mayoría de esos escritores rechazan implícitamente una concepción cósmica de la realidad en la que Dios pudiera tener alguna función. En sus imaginaciones el universo pertenece solamente a fuerzas naturales.

La Biblia nos transporta al cielo de los cielos, aunque a lugares que sólo podemos esperar visitar en el futuro. Nos lleva hasta el mismo centro del cosmos, al segmento más importante del espacio universal. La Escritura nos lleva a la morada de Dios en el reino de sus criaturas: el templo celestial. No podemos exagerar la importancia de ese lugar incomparable. Lo que allí ocurre determina el futuro y la seguridad del resto del universo. Fue allí donde el cielo confrontó el mal por primera vez en la historia del cosmos, y es allí donde el problema será resuelto en forma permanente, resultando en la purificación del universo de su fuente infecciosa y en la restauración de la creación de Dios a su armonía original.

Los santuarios terrenal y celestial

A través del santuario israelita y sus servicios Dios reveló su plan para resolver el problema cósmico del pecado. Aunque era sólo una débil sombra de lo que ocurría en el cielo, todavía revelaba lo suficiente como para que pudiéramos entender mejor lo que Dios hacía y sigue haciendo en nuestro favor en el santuario celestial. Al examinar lo que ocurría en el santuario terrenal, podemos obtener una idea del celestial.

La Escritura aclara que el santuario terrenal no era más que un pálido reflejo del celestial, mucho más glorioso (Éxo. 25:9; Heb. 8:5). En el terrenal Dios se encontraba con su pueblo (Éxo. 25:8; Sal. 26:8) y en el celestial Dios se sienta entronizado entre seres celestiales (Sal. 11:4; Dan. 7:9-10; Sal. 89:5-7). Ambos lugares son centros de adoración (Sal. 138:2; 103:19-22) y juicio (Sal. 96:7-10; Heb. 11:4-6; 33:13-15); centros de los cuales Dios trae liberación para su pueblo (Sal. 31:20; Heb. 18:6-9, 16, 17), les otorga el perdón (Lev. 4:35; 1 Rey. 8:30), revela su voluntad (Éxo. 25:22; Sal. 103:19-21) y los bendice y confiere justicia (Sal. 24:3, 5; Deut. 26:15; 1 Rey. 8:32). Indudablemente existía una relación funcional entre ambos santuarios, que garantizaba así la efectividad de lo que se hacía simbólicamente en el terrenal.

La idea fundamental trasmitida por el santuario terrenal era la de un Dios amante dispuesto a morar con su pueblo. El santuario terrenal era en ese respecto una ilustración microcósmica de la realidad macrocósmica del deseo amoroso de Dios de morar entre todas sus criaturas del universo. Pero, ¿cómo podía habitar el Creador dentro del espacio que él creó para sus criaturas? Salomón fue el primero que levantó esta importante pregunta teológica durante la dedicación del templo que él construyó para el Señor: "Pero ¿es verdad que Dios morará sobre la tierra? He aquí que los cielos, los cielos de los cielos, no te pueden contener; ¿cuánto menos esta casa que yo he edificado?" (1 Rey. 8:27). El rey reconoció que la creación no podía contenerlo o limitarlo; que el espacio creado por Dios no puede abarcarlo, porque él no es una criatura sino Dios Todopoderoso. Sin embargo, el Dios que por naturaleza no puede hallarse dentro de la creación decidió situarse dentro de sus límites a fin de hacerse accesible a sus criaturas. ¡Esto sí que es condescendencia divina! Por lo tanto, el santuario celestial es el espacio particular desde el cual se hace sentir la presencia de Dios a través del cosmos. De una manera misteriosa él ubica dentro de ese cosmos. El santuario celestial une al Dios infinito con sus criaturas finitas, lo eterno con lo temporal. Ese templo, localizado en algún lugar del universo, nos informa que nuestro Dios quiere estar tan cerca como sea posible de todas sus criaturas.

La naturaleza del templo celestial escapa a nuestra total comprensión. Ningún edificio humano puede representarlo apropiadamente. Pero el hecho de que el santuario terrenal fue hecho según el modelo celestial señala la realidad de este último (Apoc. 11:19; 14:17; 15:5). El templo celestial no está vacío. Adentro encontramos el trono más majestuoso que podamos imaginarnos: el trono de Dios y de Cristo (Apoc. 4:2). El trono de Dios no es simplemente un símbolo de su poder real, sino un lugar donde Cristo, quien ascendió al cielo con nuestra naturaleza humana (1 Tim. 2:5), se sienta con su Padre (Apoc. 7:17). Sin embargo, el santuario celestial también tiene lugares para que los seres celestiales se sienten alrededor del trono divino (Dan. 7:10; Apoc. 4:4).

La Escritura usa las imágenes del santuario terrenal para indicar que el celestial también tiene divisiones. Dios se mueve de un lugar a otro y lo mismo hace Cristo nuestro Mediador (Dan. 7:9). Juan vio un ser angelical ministrando frente al altar del incienso en el lugar santo del santuario celestial (Apoc. 8:3, 4), y también observó el arca del pacto en el lugar santísimo (Apoc. 11:19). Siendo que es imposible comprender completamente la naturaleza del templo, Dios nos ha permitido referirnos a él usando el lenguaje y las imágenes de su paralelo terrenal. Al permitirnos usar esa terminología, él puede enfatizar la realidad del templo celestial, así como también su diversidad de espacio y mobiliario sin igualar las realidades celestiales con las del santuario terrenal. Rechazar el lenguaje y las imágenes del santuario terrenal podría resultar en la espiritualización y el rechazo de la realidad de la morada celestial de Dios.

Sacrificio y sacerdocio

El santuario terrenal no sólo apuntaba hacia la realidad de un Dios que mora entre sus criaturas en el santuario celestial, sino también ilustraba de qué manera se encargaba él desde allí del problema del pecado en el universo. El sistema de sacrificios, con su diversidad de actos sacrificiales (Lev. 1-5), representaba, como lo hemos indicado, el sacrificio de Cristo sobre la cruz, en la cual él cargó los pecados del mundo y pagó la penalidad de ellos. Es gracias a ese sacrificio que podemos ser contados como justos ante Dios por la fe en Cristo (Rom. 3:21-25; 2 Cor. 5:21).

En el sistema de sacrificios terrenal los pecadores venían al templo trayendo su pecado (Lev. 5:1); es decir, asumiendo la responsabilidad por él y por su castigo correspondiente; pero también traían consigo una víctima sobre la cual era transferido el pecado, muriendo ésta en su lugar (Lev. 5:5, 6). La víctima para el sacrificio cargaba su pecado (Lev. 10:17), y a través de la sangre era transferido al santuario. En realidad Dios estaba asumiendo la responsabilidad por esos pecados. Los pecadores abandonaban el santuario limpios de su pecado y bendecidos por el Señor, porque una víctima había muerto por ellos y Dios había asumido la responsabilidad por el pecado de ellos.

A través de los servicios diarios el sacerdote realizaba una obra de mediación que consistía en representar a Dios ante el pueblo y al pueblo ante Dios. A través del sistema de sacrificios y los rituales específicos asociados con él ocurría algo asombroso: lo impuro entraba en contacto con lo puro, lo profano con lo santo; y, sin embargo, lo santo permanecía santo. Fuera del sistema de sacrificios, siempre que lo impuro tocaba a lo puro o lo santo, contaminaba a esto último. Pero ese principio no operaba en el sistema de sacrificios. El animal para el sacrificio cargaba el pecado del pueblo; y, sin embargo, su carne permanecía santa. El sacerdote comía la carne y cargaba el pecado y todavía permanecía santo (Lev. 10:17). Ese traslado del pecado/impureza no destruía la santidad de la víctima para el sacrificio, el sacerdote o el santuario. ¡El resultado de ese encuentro entre lo santo y lo impuro era la expiación! Ciertamente es asombroso que en el contexto de la expiación, la santidad y el pecado, la vida y la muerte, la pureza y la impureza son reunidos en una relación insondable y paradójica. El Señor los reunía y de este encuentro surgían la expiación y el perdón. El instrumento santo entraba en contacto con lo impuro; y, sin embargo, permanecía santo. Podemos ilustrar el proceso de la siguiente manera:

La expiación en los servicios diarios
Víctima para el sacrificio

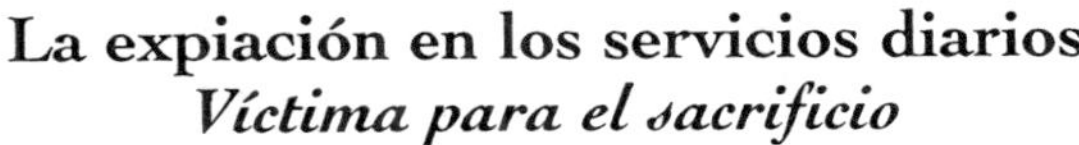

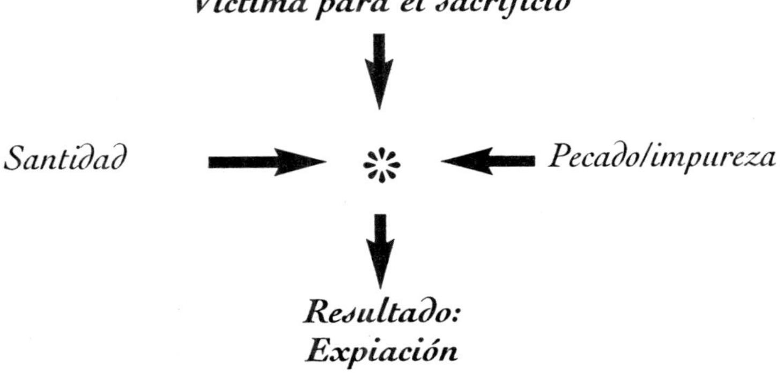

Pero mientras ese proceso continuaba efectuándose, la solución del problema del pecado no era definitiva, porque el problema era transferido de la esfera del pecador al reino de Dios. En algún punto era necesario terminar con el proceso y restablecer el orden cósmico que Dios quería para la gente. El Señor representó simbólicamente esa restauración a través del ritual del Día de la Expiación. En esa ocasión se invertía el proceso diario de la expiación: poner lo santo en contacto con el pecado y lo impuro. En lugar de ello, tanto Dios como el lugar de su morada, se apartaban de la presencia de lo profano.

El Día de la Expiación (Lev. 16)

Durante el Día de la Expiación la purificación diaria de la gente alcanzaba su clímax e introducía un nuevo comienzo que restablecía el orden de Dios en el mundo de su pueblo. La purificación del santuario completaba la purificación del pueblo (Lev. 16:33). Cristo se ofreció a sí mismo como nuestro sustituto, muriendo en nuestro lugar, pero después de su resurrección ascendió al cielo, entró en el santuario celestial y comenzó su obra de mediación en nuestro favor (Heb. 8:2; 9:12). Allí él aplica los beneficios expiatorios de su sacrificio a quienes creen en él como Salvador y Señor. Esa obra de salvación se encamina hacia su consumación y resultará en la purificación final del universo. El Día de la Expiación ilustra cómo iba a ocurrir eso.

La actitud del pueblo de Dios. El Día de la Expiación no era una fiesta sino un tiempo de renovación espiritual durante el cual el pueblo se acercaba al Señor más que en cualquier otro momento. De hecho, era el día cuando el sumo sacerdote que los representaba, entraba en la misma presencia de Dios: el lugar santísimo del santuario. El Señor esperaba que el pueblo descansara y afligiera sus almas ante él.

El Día de la Expiación era un tiempo de descanso durante el cual "ningún trabajo" debía hacerse (Lev. 23:28). Durante los sábados ceremoniales el Señor ordenó al pueblo no hacer "ningún trabajo de siervos" (Lev. 23:7, 21, 25, 36), implicando que era permitido cierto tipo de trabajo. El descanso absoluto del sábado semanal (Éxo. 31:14) era aplicado al descanso del Día de la Expiación, enfatizando la necesidad del pueblo de encontrar descanso total y dependencia sólo en Dios. El estado de reposo del pueblo contrastaba con la actividad constante del sumo sacerdote durante el día. Ellos eran capaces de encontrar descanso y de disfrutarlo porque su sumo sacerdote estaba trabajando en su favor. Lo que ellos no podían hacer él lo hacía por ellos ante el Señor. Durante el Día de la Expiación antitípico el pueblo de Dios debe encontrar descanso en Cristo, nuestro Mediador en el santuario celestial. Debemos vivir la vida cristiana descansando sólo en su gracia y no en nuestras obras. Al aproximarnos al final de la gran controversia seremos desafiados a encontrar seguridad en los planes humanos, pero Dios nos llama a seguir descansando en el Señor a pesar de cualquier presión humana de hacer lo contrario.

Durante el Día de la Expiación Dios también le dijo al pueblo: "Afligiréis vuestras almas" (Lev. 16:29). El verbo "afligir" (Heb. *'anah*) significa "humillarse", sugiriendo una disposición a someterse a la voluntad de Dios. No sabemos lo que involucraba esta autohumillación, pero probablemente incluía el ayuno, según lo sugiere Isaías 58:3, 5. Ayunar era un acto religioso a través del cual los adoradores expresaban su total dependencia del Señor para la preservación de sus vidas. Dios les ordenó a los humanos trabajar y comer a fin de colaborar con él en la preservación de sus vidas (Gén. 1:29; 2:15; cf. 2 Tes. 3:10). Pero el Señor usó el Día de la Expiación para enseñarle a su pueblo su necesidad de confianza plena en su poder para sostenerlos. Ellos practicaban el ayuno para mostrar que habían puesto sus vidas en las manos de él, y que sólo Dios podía guardarlos.

El día del juicio. El Día de la Expiación era un tiempo de juicio para Israel. La obra del sumo sacerdote dentro del santuario, purificándolo de los pecados del pueblo, tenía su contraparte en el proceso del juicio de Dios. No podemos separar esos dos aspectos durante nuestra búsqueda del significado del ritual. El Señor evaluaba si la gente se humillaba delante de él, si confiaban completamente en su amorosa gracia, y si descansaban de sus obras y dependían de lo que él hacía por ellos. Si el juicio mostraba que alguien no se había humillado o no descansaba en el Señor, era "cortado" del pueblo. Dios mismo lo destruiría (Lev. 23:29, 30). Durante ese día ocurriría un juicio que incluía una evaluación de la posible evidencia, un veredicto y la ejecución del veredicto.

Daniel 7:9-10, 13, 14 registra la visión del profeta del inicio del juicio final por parte de Dios. El evento ocurre en el santuario celestial, donde Dios tiene su trono y donde él actúa como Juez. Los eruditos han tratado de identificar los materiales bíblicos que proveyeron el trasfondo de la escena en la cual el Hijo del Hombre comparece ante la presencia de Dios con las nubes. Algunos han sugerido que el mejor paralelo posible es la entrada del sumo sacerdote al lugar santísimo una vez al año.[1] Al entrar en el segundo departamento del santuario, él es el único personaje del Antiguo Testamento que se aproxima a Dios en una nube de incienso (Lev. 16:2, 12, 13). "De esa manera llegamos a concluir que Daniel 7:9-14 describe el Día de la Expiación escatológico (quizás un jubileo), cuando el verdadero Sumo Sacerdote vendrá al Anciano de días rodeado por nubes de incienso".[2] Daniel usa esta imagen para indicar que el Hijo del Hombre no es sólo una figura real sino un Mediador sacerdotal, quien en un determinado momento de la historia de la salvación se aproxima a Dios en el lugar santísimo del santuario celestial para llevar a cabo una obra de juicio que le concede el reino a él y a su pueblo.

La purificación del santuario. Tal como se señaló arriba, durante los servicios diarios el sistema de sacrificios a través de la mediación de los sacerdotes llevaba el pecado a la misma presencia de Dios. Pero en el Día de la Expiación el ritual se invertía, removiendo el pecado del santuario. Podemos ilustrar el proceso de la siguiente manera:

DIA DE LA EXPIACION
Proceso de separación

↓

Dios ←—————— ❋ —————→ *Azazel*

↓

Resultado:
Solución final del problema del pecado

El Día de la Expiación era un momento en el ritual de los servicios cuando Dios se revelaba a sí mismo como un Dios santo que entra en contacto con el pecado por un período específico, con la intención de proveer perdón y expiación para los pecadores arrepentidos. Por naturaleza él no tenía nada en común con el pecado y su impureza. Sin embargo, el servicio vindicaba a Dios, identificaba la verdadera fuente del mal, y expulsaba el pecado de la presencia de Dios de manera permanente.

Azazel, un rito de eliminación. Después de purificar el santuario el sumo sacerdote regresaba al atrio, transfería todos los pecados de Israel al macho cabrío que representaba a Azazel, y lo enviaba al desierto (Lev. 16:20-22). El simbolismo es muy rico. Azazel es una figura demoníaca contrastada con el Señor y el macho cabrío que representaba a Dios (vers. 8). El macho cabrío para Azazel no llevaba el pecado y la impureza a fin de expiarlos. No era un sacrificio, simplemente llevaba el pecado del pueblo al desierto (vers. 22). El desierto con frecuencia simbolizaba caos y muerte en la Biblia (e.g., Job 6:18; Isa. 34:11) y representa el lugar donde moran los poderes impuros (Isa. 13:21; 34:14; Lev. 17:7). Hablando espiritualmente, es allí donde mora Azazel, y el macho cabrío le lleva los pecados de la gente. Este acto del ritual removía simbólicamente el pecado del campamento y lo regresaba a su lugar de origen.

La eliminación del mal a través de este rito ocurre en otras religiones del Cercano Oriente, aunque no encontramos un ritual tan similar como el de Levítico 16. La literatura babilónica habla de rituales para exorcizar a una persona enferma afligida por un demonio. Su propósito era enviar al demonio y a la enfermedad de regreso al infierno, el lugar de donde vinieron. Los hititas llevaban a cabo un ritual peculiar cuando el rey y su ejército regresaban de la guerra con una plaga. El rey escogía a un hombre, una mujer, un buey y una oveja de la tierra del enemigo para el ritual. Luego los presentaba ante el dios o diosa que supuestamente había causado la plaga. El rey o la persona designada por él, en representación del ejército, transfería la plaga a las víctimas, quienes se convertían así en portadoras del mal. El rey ora: "Dios, aplácate con e[ste a]taviado hombre. Pero con el rey, los [líderes], el ej[ército, y la] tierra de Hatti, s[é fi]el. [ ] Mas permite que este prisionero lleve (la plaga) y la re[grese a la tierra del enemigo."][3]

La idea de transferir un mal colectivo a un lugar fuera del campamento aparece en Levítico 16, pero no la idea de aplacar a una deidad. Esto es entendible porque la religión israelita prohibía la adoración o aplacamiento de los demonios. A través del ritual de Azazel el Señor identificaba la verdadera fuente del pecado y la impureza y lo hacía responsable de la presencia de éstos entre el pueblo de Dios. No se da ninguna excusa por los pecados de las personas, de allí la necesidad de que fueran perdonados durante los servicios diarios; pero el rito mostraba que la fuente última del pecado y la impureza residía en un poder demoníaco. De esta forma la ceremonia deslindaba a Dios de cualquier cargo levantado contra él sobre su relación con el fenómeno del pecado.

El mensaje del Día de la Expiación. El Día de la Expiación escatológico universalizó el significado ritual de la práctica israelita que anunciaba el tiempo cuando Dios resolvería para siempre el problema del pecado. Hebreos 9:23 declara que las cosas celestiales mismas necesitan ser purificadas, haciendo eco de la profecía de ese evento en Daniel 8:14. Daniel no usa la palabra hebrea común para "purificar" (*tahar*), sino *tsadaq* ("ser justo, recto, inocente; ser justificado") que expresa las ideas de vindicación (1 Rey. 8:32; Isa.

50:8), limpieza (Sal. 18:20; Isa. 53:11) y juicio (Sal. 7:8). El verbo *tsadaq* combina conceptos legales y de purificación, proveyendo así una comprensión del Día de la Expiación que iba más allá de la dimensión puramente ceremonial presente en el ritual israelita y contenida en la palabra hebrea *tahar* ("purificar"). El tipo no podía expresar en su totalidad la plenitud del antitipo.

Daniel 8 resume la obra de Cristo en el santuario celestial al ser presentado realizando los servicios diarios (Dan. 8:11), una obra de mediación a favor de su pueblo y al anunciar el tiempo cuando Cristo comenzaría el segundo aspecto de su obra sacerdotal, el Día de la Expiación escatológico (vers. 14). El período profético de los 2300 años terminó en 1844 y luego Cristo comenzó el aspecto final de su ministerio sumo sacerdotal en el santuario celestial. El juicio final se halla ahora en progreso y el tiempo es corto, pero la misericordia y el perdón todavía están disponibles para quienes quieren ser reconciliados con Dios. Es tiempo de caminar en estrecho compañerismo con el Señor y descansar en su maravillosa gracia.

La purificación del santuario celestial vindica al pueblo de Dios al acabar dicha obra en ellos. No quedará ningún registro de sus pecados en el cielo ni en la tierra. El perdón significa que no habrá un recordatorio de los pecados particulares de los justos, pero ellos recordarán por siempre que el poder del Cordero de Dios los redimió. En ocasión de la segunda venida su naturaleza pecaminosa será transformada en una naturaleza glorificada y el recuerdo de sus pecados será borrado de su memoria (1 Cor. 15:52-54). Luego la promesa del pacto de Dios llegará a su fin: "Nunca más me acordaré de sus pecados" (Heb. 8:12).

Apocalipsis 20:1-3 describe el cumplimiento tipológico del destierro de Azazel al desierto bajo la imagen de la atadura de Satanás, quien por mil años debe permanecer solamente con los ángeles malos en nuestro arruinado planeta. "Cuando el servicio de propiciación haya terminado en el santuario celestial, entonces, en presencia de Dios y de los santos ángeles y de la hueste de los redimidos, los pecados del pueblo de Dios serán puestos sobre

Satanás; se le declarará culpable de todo el mal que les ha hecho cometer. Y así como el macho cabrío emisario era despachado a un lugar desierto, así también Satanás será desterrado en la tierra desolada, sin habitantes y convertida en un desierto horroroso".[4] El Día de la Expiación escatológico revelará claramente que Dios es en verdad justo y misericordioso y que las acusaciones hechas contra él por los poderes malignos no tienen fundamento en lo absoluto (Rom. 3:4). Es al final del conflicto cuando se tendrá la doxología del juicio previamente discutida, y cada criatura inteligente en el universo, incluyendo Satanás y sus ángeles, reconocerá que Dios es justo. El verdadero y único originador del pecado y del mal en el universo quedará claramente identificado y asumirá la responsabilidad por sus acciones y por instigar a otras criaturas a rebelarse contra Dios. Cristo aceptó el castigo por los pecados de los pecadores arrepentidos, pero no la responsabilidad de Satanás como su instigador. Es ese elemento del pecado el que es puesto sobre Satanás. La obra de Cristo de purificar y juzgar al universo borrará toda duda acerca del carácter de Dios, haciendo posible que la gran controversia termine. Luego Dios restablecerá la armonía cósmica original que el pecado interrumpió.

---

[1] Véase Crispin H. T. Fletcher-Louis, "The High Priest as Divine Mediator in the Hebrew Bible: Dan 7:13 as a Test Case", *Society of Biblical Literature Seminar Papers—1997* (Atlanta: Scholars Press, 1997), págs. 161-163.

[2] *Id.*, pág. 186. Es interesante observar que este erudito no adventista hace eco de lo que Elena de White declaró al escribir: "Cristo había venido, no a la tierra, como ellos lo esperaban, sino, como estaba simbolizado en el símbolo, al lugar santísimo del templo de Dios en el cielo. El profeta Daniel le representa como viniendo en ese tiempo al Anciano de días" (*El conflicto de los siglos*, pág. 477).

[3] David P. Wright, *The Disposal of Impurity: Elimination Rites in the Bible and in the Hittite and Mesopotamian Literature* (Atlanta: Scholars Press, 1987), pág. 46.

[4] *El conflicto de los siglos*, pág. 716.

Mateo 24: El sermón apocalíptico de Jesús

Jesús es el vínculo indispensable entre las profecías apocalípticas del Antiguo Testamento y las del Nuevo. Como estudiante de Daniel que era, Jesús nos proveyó información que aclara el contenido y cumplimiento de las profecías de Daniel y reafirma su validez para la iglesia cristiana. Las profecías apocalípticas cristianas están firmemente establecidas en las enseñanzas de Jesús a sus discípulos y por medio de ellos a la iglesia. Siguiendo el patrón profético de Daniel, Jesús comenzó sus sermones con lo que iba a ocurrir a partir del tiempo de su ministerio hasta el momento de su retorno en gloria para establecer el reino eterno de Dios sobre la tierra. No inició con el imperio babilónico sino con el romano —el cuarto reino de Daniel, que entonces gobernaba— y concluyó con el quinto reino de Daniel: el reino de Dios.

El sermón de Jesús tiene un propósito básico: exhortar a la iglesia a ser fiel y a velar al enfrentar y experimentar los amenazadores eventos históricos que precederán al glorioso regreso de Jesús desde el cielo. Este sermón intenta desanimar la agitación prematura respecto al tiempo del segundo advenimiento al listar una serie de eventos y señales que lo precederán. Aunque el sermón de Jesús no pone en duda la certidumbre del evento en sí, indica de manera implícita que el tiempo será mayor que el que algunos pueden pensar. Sin embargo, todo es parte del plan de Dios.

Preguntas y respuestas

Jesús se estaba retirando del área del templo, en dirección al monte de los Olivos, cuando los discípulos hicieron algunos comentarios referentes a esa casa de adoración. En respuesta, Jesús profetizó la destrucción total del templo. Esto perturbó a los discípulos. Tan pronto como llegaron al monte, en una conversación más privada, le hicieron varias preguntas. La primera: "¿Cuándo serán estas cosas [la destrucción del templo]?" La segunda: "¿Qué señal habrá de tu venida?" Y finalmente: "¿Y [cuál será la señal] del fin del mundo?" (Mat. 24:3). Ellos no cuestionaron la veracidad de la profecía, sino que se interesaron en el elemento tiempo, quizá porque identificaban inmediatamente la destrucción de Jerusalén con el momento cuando Dios establecería su reino sobre la tierra. Jesús comienza su exposición donde ellos están a fin de iluminarlos acerca del futuro de la iglesia. Al hablar de la caída de Jerusalén, la ruina de la ciudad se convirtió en un "símbolo de la ruina final que abrumará al mundo".[1]

Las tres preguntas hechas por los discípulos forman la estructura básica del sermón apocalíptico de Jesús. Luego el sermón concluye con una exhortación a estar listos y velar. Examinemos cada una de las preguntas.

"¿Qué señal habrá... del fin del siglo?"

Esta parte de la segunda pregunta que hicieron los discípulos,

Jesús la contestó primero en su sermón (Mat. 24:4-14). La palabra clave en ella es "fin", y Jesús la usa varias veces al responder la pregunta (vers. 6, 13, 14). En su respuesta Jesús los alerta acerca del temor y de los engaños peligrosos que podían minar su fe. En ese proceso les provee información que podía protegerlos. Jesús habla del engaño *religioso* en la forma de individuos que pretenden ser el Cristo/Mesías (vers. 4), y del trastorno *social* en forma de guerras que podría, por otro lado, hacerlos creer que él había entregado el mundo al mal. Estos elementos, junto con las hambres y los terremotos, continuarían en el mundo hasta el mismo fin. Ninguno de ellos es en sí mismo la señal del fin. Ellos simplemente señalan que "aún no es el *fin*" (vers. 6).

Durante el tiempo de espera los discípulos serán perseguidos, muertos y rechazados por muchos (vers. 9). Pero más allá de eso la iglesia misma luchará con serios conflictos internos. Muchos abandonarán su fe, otros traicionarán a sus hermanos creyentes o los engañarán a través de profecías falsas, y otros más se descorazonarán debido al aumento del mal en el mundo (vers. 10-12). En medio de esa tenebrosa situación Jesús exhortó a la iglesia: "Mas el que perseverare hasta el fin, éste será salvo" (vers. 13). El resultado final del conflicto está predeterminado y sólo quienes resistan participarán en él.

Jesús todavía no ha respondido su pregunta sobre la "*señal* del fin" (note que está en singular). Luego el versículo 14 declara explícitamente: "Y será predicado este evangelio del reino en todo el mundo, para testimonio a todas las naciones; y entonces vendrá el *fin*". El cumplimiento universal de la comisión evangélica nos introducirá en el *fin* (Mat. 28:18-20). "El fin de la época actual, respecto a lo cual preguntan los discípulos en el versículo 3, no puede venir inmediatamente sino que debe ser precedido por un período de evangelización universal."[2] El fin de Jerusalén sería un cumplimiento parcial del fin de la era del pecado.

"¿Cuándo serán estas cosas?"

Ahora Jesús contesta la primera pregunta de los discípulos, que tenía que ver con la destrucción del templo (Mat. 24:15-20).

El versículo 15 introduce su respuesta: "Por tanto, cuando veáis en el lugar santo la abominación desoladora... entonces los que estén en Judea, huyan a los montes" [vers. 15, 16]. La frase "la abominación desoladora" es una cita de Daniel, donde aparece tres veces (Dan. 9:27; 11:31; 12:11). El mejor paralelo es Daniel 9:27, porque, al igual que en Mateo, el contexto trata de la destrucción de la ciudad de Jerusalén y del templo por la Roma pagana. La "abominación" se refiere a aquello que ofende a Dios, ética y religiosamente, y causa desolación o destrucción entre el pueblo de Dios. La Escritura emplea frecuentemente este término al referirse a las prácticas idólatras que el Señor considera detestables (e.g., Isa. 66:3; Jer. 7:30). Pero en algunos casos también se refiere a quienes las llevan a cabo; como en Oseas 9:10, donde Israel se hizo abominable al practicar actos de ese tipo.

La destrucción del templo ocurriría cuando los ejércitos romanos rodearan la ciudad, haciendo inminente su caída. Ese ejército pagano es la abominación que causa desolación, y su llegada indicará claramente que la destrucción del templo está por ocurrir. Lucas es más explícito: "Pero cuando viereis a Jerusalén rodeada de ejércitos, sabed entonces que su destrucción ha llegado" (Luc. 21:20). Lucas creía que tal evento era un cumplimiento de la profecía (vers. 22), y Mateo aclara que esa era la profecía dada por Daniel.

Conocer cuándo sería la destrucción del templo era importante para la iglesia temprana, porque, de acuerdo con Jesús, sus seguidores tendrían tiempo para abandonar la ciudad, evitando así las luchas y el sufrimiento que generalmente acompañan a un sitio. El consejo de Cristo fue que quienes se hallaran fuera de la ciudad no regresaran a ella sino que buscaran lugares de refugio en las montañas. Nadie debía preocuparse por sus pertenencias personales. Todo lo que se hallara dentro de la ciudad debía abandonarse. Diversas circunstancias podrían dificultar la huida a los creyentes. Jesús mencionó particularmente el problema de las mujeres embarazadas o madres criando. Él quería que supieran que estaba pensando en ellas y que se preocupaba por su bienestar.

Jesús también mencionó el invierno y el sábado y les sugirió a los discípulos que oraran para que su huida fuera en una estación propicia y en un día común. Durante el invierno Palestina puede tornarse bastante fría durante la noche y los caminos se tornan lodosos, dificultando los viajes. Una huida durante el sábado haría casi imposible su observancia. Cuando Jesús sugiere a los discípulos que oren al respecto, su consejo claramente implica que él esperaba que la iglesia siguiera observando el sábado 40 años después de su muerte y resurrección. ¡Él no planeaba abolir el mandamiento del sábado! Su comentario muestra su interés en el bienestar personal y espiritual de los creyentes durante la caída de Jerusalén.

La respuesta de Jesús a la primera pregunta de los discípulos fue breve y al punto: la presencia de los ejércitos romanos significaría que la caída de la ciudad y del templo había llegado. Cristo no describe la destrucción del templo ni las condiciones terribles que imperarían dentro de la ciudad durante el sitio. Su interés principal se centra en la experiencia de sus seguidores y les da palabras de ánimo, simpatía e interés.

"¿Qué señal habrá de tu venida?"

Jesús respondió esta parte de la segunda pregunta al final, porque era la más importante. En cierto sentido es paralela a la segunda cláusula, acerca del fin del siglo, porque ambas nos llevan más allá de la destrucción del templo hasta el mismo fin del mundo. Él separó las contestaciones a estas dos preguntas colocando su respuesta acerca del templo en medio de ellas. Así que el sermón termina con un desarrollo de lo que dijo Jesús en Mateo 24:4-14 seguido por una exhortación.

El examen de la mayoría de las traducciones bíblicas da la impresión de que el versículo 21 es una continuación de la discusión previa acerca de la caída de Jerusalén. Sin embargo, eso no es necesariamente así. Primero, el lenguaje cambia de lo regional —Jerusalén— a lo universal. La aflicción o angustia es de tal naturaleza que amenaza a todos, dificultando la supervivencia. Segundo, Jesús ya no está discutiendo el destino de los judíos sino el de los "escogidos", quienes parecen estar en peligro. El peligro parece no involucrar la caída de la ciudad, porque él ya les ha dicho cómo evitar esa amenaza. Tercero, la frase introductoria "porque... entonces..." no significa que lo siguiente ocurrirá junto con la invasión de la ciudad. "Entonces" sirve para introducir lo que sigue en tiempo,[3] es decir, el siguiente evento importante después de la caída de Jerusalén, y se refiere a la experiencia de la iglesia y no a lo que les ocurrió a los judíos en Jerusalén. Jesús pasa de la caída de la ciudad a la aflicción de sus seguidores. De esta forma introduce su respuesta a la segunda pregunta hecha por los discípulos.

De Roma pagana y su ataque contra el templo y la ciudad de Jerusalén Jesús nos lleva a la obra de la Roma eclesiástica después del colapso del Imperio Romano predicho en Daniel 7:25. Pero su interés principal es la pregunta hecha por los discípulos acerca de su segunda venida. Él describe la tribulación predicha en términos de su intensidad: "cual no la ha habido desde el principio del mundo"; y su duración: "si aquellos días no fuesen acortados" (Mat. 24:21, 22). Consideraremos primero el elemento tiempo. El verbo traducido "acortados" (*koloboo*) significa "mutilar". Dios tuvo que intervenir y "mutilar" el tiempo de opresión, haciéndolo "más corto de lo que habría sido normalmente en términos del propósito y poder de los opresores".[4] Dios ya ha prefijado la duración de la opresión, acortando ("mutilando") las intenciones de su enemigo. Daniel define ese período como los 1260 años (Dan. 7:25).

La intensidad de la opresión es tan grande que amenaza aún la misma supervivencia de los elegidos. El lenguaje usado para describirla es un eco de Daniel 12:1, 2, pero no deberíamos identificar una tribulación con la otra. "La tribulación de los 1260 días/años fue la mayor de la historia en el sentido de que continuó por siglos, y de vez en cuando produjo un elevado porcentaje de mortandad".[5] Algunas de las señales específicas que seguirán a la tribulación son el surgimiento de falsos mesías y la segunda venida. La tribulación mencionada en Daniel 12:1, 2 también es singular, pero según el contexto "ocurrirá en conexión con la resurrección en la segunda venida. Ocurrirá después que la corte del juicio descrita en Daniel 7:9-14 haya terminado de examinar los libros. Infundirá terror únicamente a los malos. El pueblo de Dios será librado de ella, 'todos los que se hallen escritos en el libro'".[6]

De acuerdo con Jesús, después de la opresión los poderes malignos intentarán engañar incluso a los escogidos (Mat. 24:23, 24). El engaño produce un "hijo del hombre" falso que aparecerá en diferentes partes el mundo afirmando ser el Cristo. Individuos autoproclamándose como profetas apoyarán las diferentes manifestaciones. Junto con el falso cristo, "harán grandes señales y prodigios" (vers. 24). Este engaño es tan poderoso que Jesús lo profetizó a fin de proteger a sus seguidores. Pero hizo más que eso. Él describió la forma de su regreso a la tierra. En contraste con las manifestaciones locales del falso cristo, el Cristo verdadero llenará el planeta con la gloria de su persona al regresar en las nubes del cielo: "Porque como el relámpago que sale del oriente y se muestra hasta el occidente, así será también la venida del Hijo del Hombre" (vers. 27). El impacto universal de su presencia contrasta con la manifestación regional limitada de los falsos cristos.

Luego Jesús regresa al período que sigue inmediatamente a la tribulación y que precede a la segunda venida (vers. 29). Él asocia el fin de la tribulación con varias señales cósmicas: el oscurecimiento del sol y de la luna, la caída de las estrellas y la conmoción de las potencias de los cielos. Siendo que ya hemos mostrado que el período profético de los 1260 años terminó en 1798, las señales tuvieron que ocurrir alrededor de esa fecha. Ciertamente es impresionante notar que toda una serie de importantes eventos proféticos ocurrió entre 1755 y 1844.[7] El siguiente cuadro ilustra el punto:

Evento	*Año*
El gran terremoto de Lisboa	1755
El día oscuro (sol y luna)	1780
Fin del período profético de los 1260 años	1789

La caída de las estrellas   1833
Comienzo del juicio en el cielo   1844

Tal conjunto de eventos no fue el resultado de la pura coincidencia sino de la intervención de Dios en la historia, llamando nuestra atención al hecho de que los importantes eventos proféticos que estaban ocurriendo nos acercarían al regreso de nuestro Señor. Una de las señales que Jesús mencionó, todavía espera su cumplimiento: la conmoción de los cuerpos celestes. Un poderoso terremoto que removerá a cada montaña e isla de su lugar (Apoc. 6:14) acompañará a la conmoción, y ocurrirá en el mismo momento de la venida del Señor.[8]

Hasta ahora Jesús ha descrito los peligros que enfrentará la iglesia al momento de su venida así como también algunos eventos específicos que ocurrirán. Dichos eventos ayudarían a la iglesia a saber dónde se encontraba en el camino de la profecía hacia el regreso de Cristo. Ahora Jesús estaba listo para contestar la pregunta de los discípulos: "¿Qué *señal* habrá de tu venida?" Note nuevamente que los discípulos usaron el término singular "señal". Y Jesús les dio una respuesta específica: "Entonces aparecerá la señal del Hijo del Hombre en el cielo; y entonces lamentarán todas las tribus de la tierra" (Mat. 24:30). Los intérpretes de la Biblia han especulado sobre la naturaleza de esta señal particular, pero no han llegado a un consenso acerca de su significado. Algunos creen que se refiere a la cruz; otros, al Hijo del Hombre mismo. Esta última opción puede ser la más cercana a la verdad. Elena de White identifica la señal del Hijo del Hombre como la nube en la que Cristo regresa y que a la distancia se ve negra y pequeña. "Pronto aparece en el este una pequeña nube negra, de un tamaño como la mitad de la palma de la mano. Es la nube que envuelve al Salvador y que a la distancia parece rodeada de obscuridad. El pueblo de Dios sabe que es la señal del Hijo del hombre".[9]

Cristo describe su venida en gloria con un vívido lenguaje lleno de emoción, sonido y acción. Escuchamos el estruendo de la trompeta y somos testigos del rápido desplazamiento de los ángeles de un lado del cielo al otro para juntar a los redimidos. Pero notamos también el gemido y lamento del resto de la humanidad que se halla del otro lado del conflicto espiritual, temerosa de Aquel cuya naturaleza es amor. Ellos no pueden resistir la intensidad de su amor.

Preparados

El sermón de Jesús se extiende hasta Mateo 25, dándonos un total de 96 versículos, de los cuales él usó solamente 31 para responder las preguntas de los discípulos. Alrededor de 2/3 del sermón enfatizan nuestra necesidad de estar listos para encontrar al Señor y para esperar su venida. El tiempo entre la ascensión de Jesús y su regreso estaría lleno de expectación (Mat. 24:32-25:13) y del cumplimiento de la misión que Jesús le encomendó a la iglesia (Mat. 25:14-46).

Nuestro estudio de las profecías apocalípticas debiera estimularnos a caminar cerca del Señor y a compartir nuestra esperanza con otros. Es compartiéndola como la recordamos. Debemos vivir en constante y gozosa expectación, sabiendo que Aquel que murió en la cruz por nosotros pronto regresará a establecer una relación visible y permanente con sus hijos. El sermón apocalíptico de Jesús y su cumplimiento dentro de la historia de la iglesia cristiana debiera reafirmar nuestra convicción de que lo que aún queda sin cumplirse pronto se cumplirá.

---

1 *El discurso maestro de Jesucristo*, pág. 99.

2 Donald A. Hagner, *Matthew* 14-28 (Dallas: Word, 1995), pág. 696.

3 El término griego *tote* ("entonces") puede designar un tiempo futuro, introduciendo eventos que entonces ocurrirán. El término "por" (Gr. *gar*) a veces señala una nueva oración y puede traducirse "y, entonces", o puede dejarse sin traducir.

4 Gerhard Delling, "*Koloboo*", en Gerhard Kittel, ed., *Theological*

Dictionary of the New Testament (Grand Rapids: Eerdmans, 1965), tomo 3, págs. 823, 824.

5 C. Mervyn Maxwell, *God Cares*, tomo 2, pág. 35.

6 *Id.*, pág. 34.

7 Véase William Shea, "Cosmic Signs Through History", *Ministry* (febrero de 1999).

8 Algunos interpretan Apocalipsis 6:12-14 como un pasaje que describe eventos futuros que ocurrirán en ocasión del regreso de Cristo (e.g., Hans K. LaRondelle, *Las profecías del fin* [Buenos Aires: Asociación Casa Editora Sudamericana, 1999], págs. 145-148). Ellos sostienen que el gran terremoto del versículo 12 es el mismo evento mencionado en el versículo 14. Es cierto que los versículos están estructurados formando un paralelismo invertido:

a. terremoto

b. sol, luna, estrellas

b'. cielo

a'. montañas e islas

Pero eso no significa que el segundo grupo de paralelismos se refiere exactamente a los mismos eventos. Por ejemplo, el oscurecimiento del sol y de la luna y la caída de las estrellas no es lo mismo que "el cielo se desvaneció como un pergamino que se enrolla". Sí, ambos tratan de cuerpos celestes, pero no describen el mismo evento. El paralelismo es sintético o progresivo. De hecho, la lista no sólo es progresiva, también muestra una intensificación de la naturaleza y resultados de los eventos. El pasaje menciona al terremoto (1755), el oscurecimiento del sol y de la luna y la caída de las estrellas en el mismo orden en que se cumplieron en la historia. El versículo 14 es paralelo a la frase "las potencias de los cielos serán conmovidas" de Mateo 24:29. Pero ahora Apocalipsis 6:14 nos informa que en ese tiempo no sólo los cuerpos celestes serán conmovidos, sino que la tierra misma temblará de una forma particular. Es esta conmoción cósmica —que afecta a los cuerpos celeste y a la tierra— la que ocurrirá al momento de la venida del Señor.

9 *El conflicto de los siglos*, pág. 698.

El Hijo, la mujer y el dragón: Apocalipsis 12

Apocalipsis 12 resume, como ningún otro pasaje de la Escritura, la batalla cósmica entre Dios y las fuerzas del mal. Nos muestra el primer conflicto, en el mismo cielo, y luego revela el encuentro final entre el dragón y el remanente. El pasaje identifica claramente a los protagonistas —Dios, el Hijo, la mujer y el dragón— y hace patente el hecho de que la victoria pertenece a quienes se identifican con la causa del Hijo y rechazan los planes malignos del dragón. Ellos triunfan sobre todo poder diabólico a través de la sangre inmaculada y expiatoria del Cordero.

Al interpretar Apocalipsis 12-14 usaremos la misma metodología que empleamos con las profecías apocalípticas de Daniel y con el sermón de Cristo en el monte de los Olivos. El contenido de Apocalipsis 12 provee una secuencia cronológica de eventos históricos: la mujer que da a luz al Mesías, el ataque del dragón contra el Hijo, el Hijo llevado al cielo, el dragón ataca a la mujer, y el dragón transfiere su ira sobre el remanente de la mujer. La profecía nos hace retroceder hasta el nacimiento de Jesús y de allí pasa a su ascensión y a la era cristiana, llegando a su clímax con el ataque del dragón contra el pueblo remanente de Dios en el tiempo del fin.

Los primeros seis versículos de Apocalipsis 12 introducen los temas que luego desarrollan los versículos 7-16. El versículo 17 introduce un tema que se explora en los siguientes tres capítulos del libro. El siguiente cuadro muestra la forma como Juan organizó el contenido de esta profecía apocalíptica.

Contenido de Apocalipsis 12

Asunto	Introducción	Desarrollo
Ataque del dragón contra el Hijo	Apoc. 12:3-5	Apoc. 12:13-16
Ataque del dragón contra la mujer	Apoc. 12:7-12	Apoc. 12:17
Ataque del dragón contra el remanente	Apoc. 12:6	Apoc. 13, 14

Los protagonistas

Cualquier batalla involucra a más de una persona, y en el caso del conflicto entre el bien y el mal, todo el universo se halla implicado. Apocalipsis 12 menciona a los principales personajes en esa confrontación, quiénes son ellos y cuáles son sus funciones particulares.

La mujer

El primer personaje introducido al comienzo de la profecía es una mujer bellamente vestida. La Escritura usa con bastante frecuencia el símbolo de una mujer para representar al pueblo de Dios (Isa. 54:1, 5; 2 Cor. 11:2). La frase "vestida del sol" parece regresar al lenguaje usado para describir a Dios cuando se aparecía a los seres humanos. Habacuc escribió: "Dios vendrá de Temán... su gloria cubrió los cielos... y el resplandor fue como la luz; rayos brillantes salían de su mano, y allí estaba escondido su poder" (Hab. 3:3, 4). Durante la transfiguración, el rostro de Jesús resplandeció "como el sol, y sus vestidos se hicieron blancos como la luz" (Mat. 17:2). A veces la Biblia describe a los siervos de Dios reflejando la luz o la gloria del sol. Dios dijo a David: "Habrá un justo que gobierne entre los hombres, que gobierne en el temor de Dios. Será como la luz de la mañana, como el resplandor del sol en una mañana sin nubes" (2 Sam. 23:3, 4). El Señor comparó con el esplendor del sol a quienes en su trato con otros revelan la justicia de Dios.

Isaías profetizó el tiempo cuando la gloria del Señor, representada nuevamente por el resplandor del sol, sería reflejada por su pueblo para beneficio del mundo: "Levántate, resplandece; porque ha venido tu luz, y la gloria de Jehová ha nacido sobre ti. Porque he aquí que tinieblas cubrirán la tierra, y oscuridad las naciones; mas sobre ti amanecerá Jehová, y sobre ti será vista su gloria. Y andarán las naciones a tu luz, y los reyes al resplandor de tu nacimiento" (Isa. 60:1-3). En Apocalipsis 12:1 encontramos el cumplimiento de esa profecía bajo el símbolo de una mujer — el pueblo de Dios—, quien refleja al mundo la luz del Sol de justicia (Mal. 4:2; cf. Mat. 12:43). Dios describe a su pueblo en términos de su ideal para ellos.

El pasaje asocia otros dos símbolos con la mujer: la luna y una corona de 12 estrellas. Las 12 estrellas simbolizan el pueblo de Dios a quien la mujer representa (e.g., Gén. 37:9; Dan. 12:3). La imagen de la luna bajo sus pies es difícil de interpretar, pero podría representar la permanencia del reino mesiánico. La Escritura considera al sol y a la luna como símbolos de permanencia, y emplea a ambos para describir la dinastía de David en Salmos 89:35-37: "Una vez he jurado por mi santidad, y no mentiré a David. Su descendencia será para siempre, y su trono como el sol delante de mí. Como la luna será firme para siempre, y como un testigo fiel en el cielo". El escritor bíblico coloca sabiamente la idea de permanencia al comienzo del capítulo en el cual el dragón amenaza la misma existencia de la mujer, el pueblo de Dios. Si examinamos los símbolos cósmicos —el sol, la luna y las estrellas— como una unidad, podrían expresar la idea de que algo nuevo está a punto de ocurrir en la relación humano-divina. En Génesis 1:14, 15 Dios les señaló a los cuerpos celestes la función de identificar los cambios de las estaciones. Al encontrarlos agrupados nuevamente en Apocalipsis 12:1, el profeta puede estar diciendo que a través del nacimiento del Mesías está por comenzar una nueva era.

La mujer estaba embarazada y a punto de dar a luz. El Antiguo Testamento a veces describe al pueblo de Dios como una mujer embarazada retorciéndose de dolor y a punto de dar a luz un hijo. Dar a luz era un símbolo de salvación. Isaías escribió: "Concebimos, tuvimos dolores de parto, dimos a luz viento [un gas]; ninguna liberación hicimos en la tierra, ni cayeron los moradores del mundo" (Isa. 26:18). En contraste con ese triste cuadro, la mujer de Apocalipsis 12:2 da a luz al Salvador del mundo.

El dragón

Apocalipsis 12:3 introduce al dragón escarlata como el segundo protagonista en la lucha entre el bien y el mal. El símbolo de un dragón —un animal semejante a la serpiente— que representa a los demonios o poderes malignos era común a través del Medio Oriente. Esta idea nos remonta al momento de la caída en Génesis 3, donde la serpiente aparece por primera vez en la Biblia. De hecho, Juan identifica claramente al dragón de su libro con esa "serpiente antigua, que se llama diablo y Satanás", que sigue descarriando al mundo (Apoc. 12:9). Aquí nos confrontamos con el archienemigo de Dios. Apocalipsis considera el color rojo como el color de la muerte (Apoc. 6:4), que refleja la naturaleza extremadamente violenta del dragón (Apoc. 12:7, 12). Pero siendo que el rojo también es símbolo del pecado (cf. Isa. 1:18), uno podría sugerir además que sirve para definir la naturaleza moral y espiritual del dragón como totalmente corrompida por el pecado y el mal.

El símbolo demoníaco tiene siete cabezas coronadas, que son identificadas en Apocalipsis 17:9, 10 como los reinos principales que usa para lograr sus propósitos y oprimir al pueblo de Dios (véase Apoc. 13:2). También tiene 10 cuernos, símbolos de un reino dividido o una diversidad de poderes políticos (Dan. 7:24). No encontramos coronas en los cuernos, porque al momento en que ocurrían los eventos descritos en el pasaje el Imperio Romano aún no se había fragmentado. El simbolismo de los 10 cuernos se refiere también a la totalidad de las naciones que se unirán al dragón contra el remanente (Apoc. 17:12, 13).

Con su larga cola el dragón arrastró a la tercera parte de las estrellas hacia la tierra: una alusión a los ángeles que acompañaron a Satanás cuando Dios lo echó del cielo. Isaías 14:12-14 describe la caída de Lucifer —más tarde conocido como Satanás— y Judas 6 indica que otros ángeles se hallaban con él: "los ángeles que no guardaron su dignidad, sino que abandonaron su propia morada". Respecto a esos poderes, Isaías escribió: "Acontecerá en aquel día, que Jehová castigará al ejército de los cielos en lo alto, y a los reyes de la tierra sobre la tierra. Y serán amontonados como se amontona a los encarcelados en mazmorra, y en prisión quedarán encerrados, y serán castigados después de muchos días" (Isa. 24:21, 22). Los ángeles caídos juntamente con Lucifer luchan contra Miguel y sus ángeles (Apoc. 12:7).

El Hijo

La promesa de salvación que Dios les dio a Adán y Eva en el Edén, encuentra ahora su cumplimiento al nacer la simiente de la mujer que aplastaría la cabeza de la serpiente (Gén. 3:15). Su nacimiento, su ministerio y su muerte, resurrección y ascensión al cielo son los eventos más importantes en la guerra entre el bien y el mal. Sin ellos nuestro planeta no conocería más que la miseria, la opresión, el pecado y la muerte eterna para todos. Aunque nacido de mujer (Gál. 4:4), su destino era sentarse en el trono de Dios y gobernar al mundo con "vara [cetro] de hierro" (Apoc. 12:5). En la Biblia, la vara señala comúnmente al palo que usa el pastor para guiar a las ovejas o para protegerlas de los ataques de animales salvajes. Tanto la Escritura como muchos textos antiguos del Medio Oriente llamaron "pastores" a los reyes y esperaban que ellos protegieran y guiaran al pueblo bajo su mandato. Cristo tiene una "vara de hierro" en el sentido de que su juicio descansa sobre la verdad y la justicia inconmovibles.

La controversia

Mientras que la relación entre la mujer y el Hijo es de amor, la que hay entre el dragón y la mujer y su Hijo es antagónica, puesto que dicho animal se propone destruir al Hijo y luego a la mujer.

Ataque contra el Hijo

El dragón esperó que naciera el Hijo de la mujer a fin de devorarlo (Apoc. 12:4). Satanás trató de lograr su propósito valiéndose del rey Herodes —un representante de sus siete cabezas (el Imperio Romano)—, quien trató de matar al niño Jesús (Mat. 2:13, 16). Pero el deseo del dragón de devorar al Hijo continuó a través del ministerio de Cristo mediante las tentaciones y conflictos que el dragón lanzó contra él (Heb. 4:15). Sin embargo, Cristo siempre salió victorioso y finalmente regresó al cielo. Apocalipsis no dice nada aquí sobre la muerte de Cristo en la cruz, aunque los versículos 7-12 desarrollan ese tema.

El resumen del conflicto entre Cristo y el dragón (Apoc. 12:4, 5) se expande en los versículos 7-12 en términos de lo que ocurrió en la cruz. El lenguaje usado en esos versículos sugiere que la batalla descrita aquí ocurrió cuando Miguel venció a Lucifer y sus ángeles y los expulsó del cielo. Sin embargo, el himno registrado en los versículos 10-12 implica que fue la batalla que ocurrió en la cruz, donde Cristo venció nuevamente a Satanás, haciendo posible la salvación para el pueblo de Dios sobre la tierra. La idea de que en la cruz Cristo venció a los poderes del mal es común en el Nuevo Testamento (e.g., Col. 2:15; Heb. 2:14), y Cristo mismo declaró que su muerte echaría a Satanás fuera del cielo (Luc. 10:18; Juan 12:31).

Aquí Juan emplea el lenguaje y las imágenes de la batalla original en el cielo para describir la guerra espiritual que tomó lugar en la cruz entre Cristo y Satanás. Isaías 14:12 describe a un ser celestial —Lucifer—, *cayendo del cielo* después de intentar hacerse como Dios. En Apocalipsis 12:10 Juan usa la misma expresión, sugiriendo que tenía ese pasaje en mente. La Escritura indica que aún después de la expulsión de Satanás del cielo todavía tenía acceso limitado a él, y que usó esa oportunidad para acusar a los siervos de Dios (Job 1:6; Zac. 3:1). Apocalipsis 12:7-12 sugiere que incluso ese acceso limitado se terminó en la cruz. Juan señala que Cristo siempre ha vencido a las fuerzas del mal, que nosotros también podemos vencerlas por medio de la sangre del Cordero, y que el dragón tiene actualmente un tiempo limitado de actividad antes de su destrucción final. Aunque la referencia primaria del pasaje es hacia el conflicto en la cruz, al describirla en términos de la guerra original en el cielo Juan provee información significativa acerca del origen de la guerra entre el bien y el mal.

Ataque contra la mujer

Tal como se indicó anteriormente, el versículo 6 resume la experiencia de la mujer y luego la desarrolla en los versículos 13-16. Una vez derrotado por Cristo —el instrumento de la obra redentora de Dios—, el dragón persiguió a la mujer: la agencia de Dios para la proclamación de la obra salvadora de Cristo. La secuencia es importante ya que provee información cronológica útil en la interpretación de esta profecía apocalíptica. Va desde el nacimiento, ministerio y victoria de Cristo sobre Satanás en la cruz, hasta la persecución de la iglesia. Encontramos en esa cronología una referencia al período profético de los 1260 días/años o "un tiempo, tiempos, y la mitad de un tiempo" (vers. 6, 14). En

Daniel 7:23-25 tenemos una profecía acerca del ataque contra el pueblo de Dios y también los límites de tiempo de ella: 1260 años. El Antiguo Testamento describe al cuarto reino bajo el símbolo de una extraña bestia que representaba a la Roma pagana y eclesiástica. En Apocalipsis 12 encontramos al dragón usando esos dos poderes para atacar a Jesús y a la iglesia, y durante el mismo período profético. Siendo que ambas visiones siguen el mismo patrón, debemos interpretarlas de la misma forma.

Al describir la experiencia de la mujer, el pasaje no enfatiza tanto la severidad de los ataques del dragón, sino el cuidado providencial de Dios para ella. Sabemos que ella sufrió y que muchos murieron por la persecución (Dan. 7), pero Juan está interesado en mostrar que, a pesar de todo eso, Dios todavía cuidaba de su iglesia. Él le preparó un lugar en el desierto, hizo posible que ella escapara hacia ese sitio, y suplió sus necesidades durante 1260 años (Apoc. 12:6, 13, 14). El lenguaje usado para describir la protección divina de la iglesia parece provenir del éxodo de Israel de Egipto. En el desierto Dios proveyó para los israelitas (Deut. 8:15-18), los protegió (Deut. 32:10, 11), y estableció una profunda relación de amor con ellos (Ose. 11:1). Una vez más él lleva a su pueblo al desierto sobre "alas de águilas" (Éxo. 19:4), y nuevamente la tierra lo ayuda al tragar el río de persecución que el dragón envía contra él (Éxo. 15:12). El lenguaje usado aquí expresa la idea de que aunque la mujer enfrentaría la ira del dragón, Dios la protegería y sustentaría. Sin embargo, el conflicto sería tan feroz que diezmaría a la iglesia. Aunque al final sólo quedará un remanente, el dragón está determinado a exterminarlo (Apoc. 12:17).

Ataque contra el remanente

La visión introduce después un nuevo capítulo en la lucha entre el dragón y Cristo. Incapaz de destruir a la iglesia, el dragón se lanza contra lo que ha quedado, el *remanente* de la simiente de la mujer. La existencia de tal remanente demuestra que nuestro planeta no ha caído bajo el control total del dragón, y que todavía hay algunos que quieren ver a la raza humana totalmente restaurada a la armonía de la que goza el resto del universo de Dios. Ellos quieren ver erradicados de nuestro planeta el pecado, el mal, el sufrimiento y la muerte, y ansían experimentar en cambio el reinado amoroso de un Dios justo y misericordioso. Este remanente aparece en la arena del conflicto cósmico en un momento histórico particular, es decir, poco después del ataque de 1260 años del dragón contra la mujer.

La Biblia considera el concepto del remanente como un elemento indispensable en la historia de la salvación. A lo largo del conflicto entre Dios y las fuerzas del mal el enemigo nunca logra exterminar al pueblo de Dios porque el Señor siempre preserva un remanente a fin de llevar a cabo sus intenciones divinas y cumplir su voluntad salvífica. El Antiguo Testamento presenta tres tipos de remanentes: histórico, fiel y escatológico.[1]

El *remanente histórico* consiste en un grupo de individuos que han sobrevivido a una experiencia de amenaza de su vida, que pudo haber resultado en la extinción total del grupo mayor al que pertenecían. Por ejemplo, quienes escaparon de la destrucción del reino del norte o Israel son llamados remanente en la Escritura: un grupo impotente de sobrevivientes (Amós 5:3). Sin embargo tienen el potencial de convertirse en una bendición para las naciones (Miq. 5:7, 8). Quienes regresaron a Jerusalén después del exilio representan "los judíos que habían escapado... de la cautividad" o "los que quedaron de la cautividad, allí en la provincia" (Neh. 1:2, 3). El Señor preservó al remanente histórico no necesariamente porque todos ellos fueran fieles, sino a causa de su plan para la raza humana. De hecho, el remanente histórico consistía en una mezcla de individuos fieles e infieles.

El *remanente fiel* se caracteriza por su compromiso con el Señor, y Dios los usa de manera especial para lograr su propósito dentro de la historia. Cuando Elías pensó que él era único remanente fiel que quedaba, Dios le dijo que había reservado 7 mil israelitas "cuyas rodillas no se doblaron ante Baal" (1 Rey. 19:14, 18). Ellos permanecieron fieles al Señor bajo las circunstancias más difíciles y amenazadoras de su vida. Con respecto a la relación entre el remanente fiel y el histórico, Dios intentó transformar al remanente histórico en un remanente fiel por medio de un proceso de limpieza y separación. Ezequiel escribió:

"Así ha dicho Jehová el Señor: Yo os recogeré de los pueblos, y os congregaré de las tierras en las cuales estáis esparcidos, y os daré la tierra de Israel. Y volverán allá, y quitarán de ella todas sus idolatrías y todas sus abominaciones. Y les daré un corazón, y un espíritu nuevo pondré dentro de ellos; y quitaré el corazón de piedra de en medio de su carne, y les daré un corazón de carne, para que anden en mis ordenanzas y guarden mis decretos y los cumplan, y me sean por pueblo, y yo sea a ellos por Dios. Mas a aquellos cuyo corazón anda tras el deseo de sus idolatrías y de sus abominaciones, yo traigo su camino sobre sus propias cabezas, dice Jehová el Señor" (Eze. 11:17- 21).

Debiéramos notar varias cosas en este pasaje. Primero, el Señor se dirigió al remanente histórico esparcido por los países vecinos y prometió traerlos de vuelta a su tierra. Segundo, quienes regresaban habían estado adorando a los ídolos. Tercero, el Señor prometió transformarlos al darles un corazón indiviso. Cuarto, quienes permitieran que Dios los transformara se caracterizarían por la obediencia a las leyes de Dios. Quinto, un grupo dentro del remanente histórico se resistiría al poder transformador de Dios, y continuaría adorando a los ídolos. Sexto, Dios tendría que remover de su remanente a quienes persistieran en la idolatría. En consecuencia, el remanente histórico se convertiría en un remanente fiel. La limpieza del remanente histórico ocurriría mediante juicio y fuego (Isa. 4:2-4).

El *remanente escatológico* se compone de todos aquellos que han pasado por la purificación y el juicio y han salido victoriosos después del día del Señor. El remanente de Israel irá a las naciones "que no oyeron de mí; ni vieron mi gloria; y publicarán mi gloria entre las naciones" (Isa. 66:19, 20). De acuerdo con Zacarías 14:16, "todos los que sobrevivieron de las naciones que vinieron contra Jerusalén, subirán de año en año para adorar al Rey, a

Jehová de los ejércitos, y a celebrar la fiesta de los tabernáculos". El profeta continúa anunciando el juicio divino contra las naciones que no se unen al remanente escatológico de Dios (vers. 17). El remanente escatológico está compuesto de aquellos israelitas que permanecieron fieles al Señor durante el proceso divino de purificación juntamente con aquellos de las naciones que escogieron servir al Señor.

El remanente del tiempo del fin de Apocalipsis 12:17 es una entidad histórica, porque comprende lo que ha quedado después de los ataques del dragón contra la mujer por 1260 años. La Escritura describe al remanente en términos del ideal de Dios para ellos. El remanente es fiel en que tiene un mensaje particular de Dios para proclamar al mundo a fin de reunir a los fieles de todas las naciones (Apoc. 14:6-12).[2] No es una entidad imprecisa sino que es fácilmente identificable. Juan nos da una lista de características claves que definen e identifican al remanente. Dos de ellas aparecen en Apocalipsis 12:17. La primera es que guardan los mandamientos de Dios. El libro de Apocalipsis tiene gran interés en los mandamientos de Dios, particularmente en los de la primera tabla, que tratan acerca de él y de su adoración.

Apocalipsis también presenta una seria advertencia contra los que adoran a la bestia, a la imagen de la bestia y al dragón (Apoc. 14:9-11). Un ángel llama a la humanidad a "adora[r]d a aquel que hizo el cielo y la tierra, el mar y las fuentes de las aguas" (vers. 7). Es interesante observar "que el lenguaje de esta afirmación central está basado en las expresiones del cuarto mandamiento en Éxodo 20:11. Allí se declara: 'Porque en seis días hizo Jehová los cielos y la tierra, el mar, y todas las cosas que en ellos hay...' Este lenguaje se ve reflejado en Apocalipsis 14:7... En el punto central y decisivo de la descripción de Apocalipsis de la crisis final hay una alusión directa a Éxodo 20. La atención al mandamiento del sábado es, por lo tanto, la respuesta ideal al llamamiento final de Dios a adorar..."[3] Quienes guardan los mandamientos de Dios — incluyendo el mandamiento del séptimo día o sábado — forman el remanente.

El remanente tiene el "testimonio de Jesucristo". La frase puede entenderse como una referencia al testimonio fiel que el remanente da acerca de Jesús; pero el verbo "tienen" favorece la idea de un testimonio que Jesús dio, es decir, lo que él enseñó de parte de Dios en persona y comunicó a través de los profetas. Para la interpretación de esa frase es decisivo Apocalipsis 19:10, que iguala el "testimonio de Jesucristo" con el "espíritu de profecía": otra manera de referirse al don profético (cf. Apoc. 22:8, 9).[4] Podemos concluir que "el testimonio de Jesús —la testificación de Cristo— se refiere al don de profecía, que también está presente en la iglesia remanente. Dios promete que a través del Espíritu de profecía —el Espíritu Santo— él volverá a manifestarse de una manera especial en la iglesia remanente para guardarlos y guiarlos en los últimos días, cuando Satanás hará esfuerzos especiales para destruirlos".[5] Esto se vio expresado en la Iglesia Adventista en una manera especial por medio del ministerio profético de Elena G. de White.

El remanente escatológico histórico y fiel participa actualmente en una misión alrededor del mundo para reunir al pueblo de Dios por medio de los mensajes de los tres ángeles (Apoc. 14:6-12). Esto conducirá a un remanente escatológico formado del remanente histórico purificado y quienes acepten la invitación de Dios de salir de la Babilonia espiritual. El remanente —un grupo visible— está libre de miembros infieles. Satanás no será capaz de vencer al pueblo remanente de Dios. Los poderes del mal "pelearán contra el Cordero, y el Cordero los vencerá, porque él es Señor de señores y Rey de reyes; y los que están con él son llamados y elegidos y fieles" (Apoc. 17:14).

[1] Véase G. F. Hasel, "Remnant", en *International Standard Bible Encyclopedia*, tomo 3, pág. 132.

[2] Véase Clifford Goldstein, *The Remnant* (Boise, Id.: Pacific Press Pub. Assn., 1999), págs. 78, 79.

[3] Jon Paulien, "Revisiting the Sabbath in the Book of Revelation". *Journal of the Adventist Theological Society* 9 (1998): 183.

[4] Véase Gerhard Pfandl, "The Remnant Church and the Gift of Prophecy", en Frank B. Holbrook, ed., *Symposium on Revelation* (Silver Spring, Md.: Biblical Research Institute, 1992), tomo 2, págs. 315-320.

[5] *Id.*, pág. 327.

NUEVE

Instrumentos del dragón contra el remanente — 1 La bestia que sube del mar

Quienes planean hacerle la guerra a alguien generalmente buscan apoyo adicional, particularmente si el enemigo que enfrentan tiene la reputación de ser poderoso. Eso explica por qué Jesús nos dijo que sin él no podemos hacer nada (Juan 15:5). Las fuerzas del mal son demasiado poderosas para que cualquier ser humano se atreva a confrontarlas con su propia fuerza, sin la ayuda de la verdadera fuente del poder: Jesucristo, quien siempre las ha vencido. Solamente nuestra unión con Cristo nos capacita —por medio del poder del Espíritu— para vencer así como él venció. Todos los creyentes han formado una alianza, un pacto con el Señor. Ellos se han comprometido a depender de él en sus luchas y conflictos con el mal, sabiendo que el Señor los fortalecerá y apoyará durante los momentos más difíciles.

En su guerra contra el remanente, el dragón se da cuenta de que frente a él hay un enemigo temible y que necesita formar una alianza con los poderes religiosos falsos y con las agencias políticas para lograr sus propósitos. Apocalipsis 13 describe esa alianza o coalición. El dragón intenta unir al mundo contra el pueblo remanente de Dios como parte de su último intento por convertirse en el único y exclusivo gobernante de nuestro mundo. Sabiendo que Cristo lo venció en el cielo y en la cruz, y que no ha podido destruir a la mujer, el dragón ahora es más cuidadoso al planear su última batalla contra el remanente.

En lugar de lanzar un ataque masivo de manera inmediata, el dragón "se fue", es decir, fue a prepararse para hacer guerra contra el remanente (Apoc. 12:17). ¿Adónde fue? Apocalipsis 12:18 [en algunas versiones], que debiera ser parte del capítulo 13, nos dice que se fue a la orilla del mar para coordinar sus planes con una bestia que sube del mar y otra que surge de la tierra. Juntos formarán una poderosa coalición para pelear contra el remanente. Por ahora nos concentraremos en la bestia del mar (Apoc. 13:1-10).

Estructura del pasaje

Los escritores bíblicos —en su afán de comunicarse eficazmente con su audiencia—, organizaban de diversas maneras sus ideas o el mensaje que recibían. Al estudiar cómo estructuró el autor su pasaje bíblico evitamos malinterpretarlo y estamos en condiciones para seguir la corriente de su pensamiento sin grandes dificultades. Apocalipsis 13:1-10 parece estar organizado de la siguiente manera:

Descripción de la bestia	13:1-2a
Experiencia de la bestia	13:2b-4
Recepción del poder	13:2b
Pérdida del poder	13:3a
Restauración del poder	13:3b-4

Obra de la bestia
    Blasfema   13:5a
    Ejerce autoridad   13:5b
    Blasfema   13:6
    Ejerce autoridad   13:7

Experiencia futura de la bestia   13:8-10a
    Restauración del poder   13:8
    Pérdida del poder   13:9-10b

Exhortación—Descripción de los santos   13:10b
Vamos a seguir este bosquejo en nuestra exposición del pasaje.

Descripción de la bestia

La primera bestia se levanta de lo profundo del mar, símbolo de caos y reino de lo demoníaco y malo que el Señor eliminará en el futuro (Apoc. 21:1). La descripción de la bestia indica que es en realidad la representante del dragón. Al igual que él, tiene diez cuernos y siete cabezas; pero ahora los cuernos tienen diez "diademas" o coronas, un detalle que sugiere que el reino simbolizado por esta bestia es ya un reino dividido. La descripción posterior clarifica nuestra identificación de este poder. Su cuerpo era semejante a un *leopardo*, los pies eran como los de un *oso* y la boca como la de un *león*. Estos detalles llevan al lector a Daniel 7, en donde encontramos los mismos símbolos personificando a reinos diferentes. El león representaba a Babilonia, el oso a Medo-Persia y el leopardo a Grecia. Apocalipsis los menciona invirtiendo su orden; no sólo porque tales reinos pertenecen al pasado, sino también porque Juan quiere que entendamos que la bestia del mar es la misma que la cuarta bestia de Daniel 7: Roma pagana y eclesiástica. El hecho de que los cuernos tienen coronas indica que la obra de la bestia del mar ocurre después de la división del Imperio Romano pagano. Por lo tanto, la bestia del mar simboliza a la Roma eclesiástica.

Experiencia de la bestia (Apoc. 13:2b-4)

Recepción del poder. Al salir la bestia del mar, el dragón la comisiona como su representante concediéndole su poder, trono y gran autoridad. Éste es básicamente un ritual de entronización durante el cual el dragón designa a la bestia como su corregente. En cierta forma esto es paralelo a la entronización de Cristo descrita en Apocalipsis 5. De hecho, a través del libro de Apocalipsis Juan describe a Satanás y a la bestia tratando de imitar a Dios y a Cristo. Los paralelos son impresionantes:

Lo divino contrastado con lo demoníaco en el libro de Apocalipsis

DIOS	DRAGÓN/SATANÁS
1. Santa Trinidad: el Padre, Cristo y el Espíritu Santo (Apoc. 1:4, 5)	1. Falsa trinidad: el dragón, la bestia y el falso profeta (Apoc. 12:13; 16:13, 19)
2. Dios se sienta sobre un trono (Apoc. 4:9)	2. Satanás tiene un trono (Apoc. 2:13)
3. Dios es adorado por los habitantes del universo (Apoc. 4:10; 5:13)	3. Satanás es adorado por los habitantes de la tierra (Apoc. 13:4)
4. La ciudad de Dios es la Jerusalén celestial (Apoc. 21:2, 10)	4. La ciudad de Satanás es Babilonia (Apoc. 14:8; 18:10)
5. Dios sella a su pueblo (Apoc. 7:4)	5. Satanás pone una marca sobre sus seguidores (Apoc. 13:16)
6. El pueblo de Dios está representado por una mujer pura (Apoc. 12:1)	6. Los seguidores de Satanás están representados por una ramera (Apoc. 17:2)
7. Dios se llena de ira contra sus enemigos (Apoc. 11:18; 19:15)	7. Satanás se llena de ira contra la iglesia (Apoc. 12:12)
8. Dios tiene tres mensajeros angélicos (Apoc. 14:6-11)	8. Satanás tiene tres mensajeros demoníacos (Apoc. 16:13, 14)
9. Dios le da autoridad a Cristo (Apoc. 2:27)	9. Satanás le da autoridad a la bestia (Apoc. 13:4).

También encontramos algunos paralelos entre Cristo el Cordero, y la bestia del mar.

Lo divino y lo demoníaco

EL CORDERO DE DIOS	LA BESTIA DEL MAR
1. Cristo recibe autoridad del Padre (Apoc. 2:27)	1. La bestia recibe autoridad del dragón (Apoc. 13: 2, 4)
2. Cristo se sienta en el trono con el Padre (Apoc. 3:21)	2. El dragón le da su trono a la bestia (Apoc. 13:2, 4; 16:10)
3. Cristo es adorado por el universo (Apoc. 5:13, 14)	3. La bestia es adorada por los habitantes de la tierra (Apoc. 13:4, 12)

Como podemos ver, el libro de Apocalipsis usa casi los mismos términos e imágenes para describir tanto la actividad de Dios como la de Satanás; la de Cristo, como la de la bestia que surge del mar. Por medio de este recurso literario Apocalipsis procura revelar la verdadera naturaleza del engaño satánico: Satanás quiere ocupar el lugar de Dios en nuestro planeta, y planea lograr su objetivo mediante la falsificación de lo divino. Con ese fin le dio poder a la bestia.

Pérdida del poder. Sin embargo, una herida mortal amenazó seriamente el poder de la bestia (Apoc. 13:3a), evento que ocurrió al final de los 1260 días en 1798, durante la Revolución Francesa, cuando el general Alexander Berthier tomó prisionero a Pío VI y el prelado murió en prisión. En ese tiempo "muchos pensaron que la destrucción de la Santa Sede por fin se había logrado, y la posición del papado ciertamente había alcanzado su nadir bajo él".[1] El arresto y muerte de Pío VI "marcó un punto bajo en la fortuna papal al cual no se había llegado por siglos y dio origen a la profecía de que la sucesión apostólica había llegado a su fin con el fallecimiento de 'Pío el Último'".[2] El gobierno francés esperaba destruir al gobierno pontificio después de la muerte del papa al no permitir la elección de otro papa. El heridor esperaba acabar con el sistema.

Restauración del poder. La profecía declaraba que la herida sería sanada de modo que lo que parecía imposible iba a ocurrir. De hecho, el proceso de restauración comenzó durante la Revolución Francesa misma con la elección de un nuevo papa, Barnabas Chiaromonti, llamado Pío VII, quien entró en diálogo con el gobierno francés. Como resultado, un concordato emitido en 1801 estableció legalmente la religión católica romana en Francia. Desde entonces la restauración de la influencia y el poder de la iglesia ha sido constante, pero alcanzará su clímax en el futuro cercano cuando la humanidad adore al dragón y a la bestia. Este poder político y religioso será tan poderoso que nadie se atreverá a enfrentarlo. ¡Excepto el Cordero!

Obra de la bestia (Apoc. 13:5-7)

Los siguientes versículos describen cómo la bestia usó el poder que recibió del dragón. Un resumen de su obra aparece en Apocalipsis 13:5, y los dos versículos siguientes la desarrollan más ampliamente. La bestia abrió su boca y habló palabras insolentes y blasfemas, pero Juan no nos dice aún lo que ella dijo. La bestia también tenía autoridad, dada por el dragón, y la ejerció por 42 meses. Apocalipsis describe la obra de la bestia aquí en términos del cuerno pequeño de Daniel 7, donde nos dice que hablaba palabras contra Dios y ejercía autoridad por 1260 años (Dan. 7:25). El período de 42 meses es el mismo que el de los 1260 años. Para propósitos simbólicos, el escritor bíblico consideró a cada mes como de 30 días, que al ser multiplicados por 42 dan un total de 1260 días. El mismo período profético mencionado en Apocalipsis 12:6, 14, sugiere que Apocalipsis 13:1-10 es un desarrollo de Apocalipsis 12:6, 13-16.

Luego el texto regresa al tema de la blasfemia a fin de expandirlo un poco más (Apoc. 13:6). La Biblia usa con frecuencia la frase "abrir la boca" para introducir un discurso solemne y resuelto —como, por ejemplo, cuando Jesús abrió su boca para predicar el Sermón del Monte (Mat. 5:2)— o como la introducción a un sermón (Hech. 10:34). "El uso de esta frase en Apoc. 13:6 sugiere que la bestia está hablando en una manera oficial y formal".[3]

En la Biblia "blasfemar" designa un tipo de expresión que desprecia a otra persona o cosa y que revela arrogancia humana. La bestia *blasfema contra Dios,* robándole su gloria y honor a fin de construir su propia gloria y honor. En el Nuevo Testamento blasfemar contra Dios es atribuirse uno mismo prerrogativas divinas; por ejemplo, la capacidad de perdonar pecados (Mar. 2:7). La bestia también *blasfema el nombre de Dios* al dañar su reputación. La conducta de quienes pretenden ser siervos de Dios podría dañar la reputación de él si no demuestra obediencia por amor a la voluntad expresada de Dios (e.g., 1 Tim. 6:1). Los actos de apostasía también son blasfemias contra Dios (Hech. 26:11). Pero obviamente la blasfemia más seria contra Dios y su nombre es aceptar la adoración que sólo él merece (Apoc. 13:8).

La bestia *blasfema contra el tabernáculo de Dios.* Cristo ministra en nuestro favor en el santuario celestial, aplicando a nuestras vidas los beneficios de su muerte expiatoria. Blasfemar contra esto es disminuir su singularidad e importancia dentro del plan de salvación. Eso es precisamente lo que hace el cuerno pequeño en Daniel 8:9-12 al echar por tierra el santuario y quitar el continuo del Príncipe de los ejércitos. Cuando negamos la realidad del santuario celestial y lo sustituimos por una iglesia y un sistema humano de sacerdotes, disminuimos y dañamos la importancia del tabernáculo de Dios.

La conexión entre la frase *"blasfemar... de los que moran en el cielo"* y la anterior ("blasfemar... de su tabernáculo") no es clara en el griego, como quisiéramos que fuera. Note las diferentes formas en que los traductores han puesto este pasaje: "maldecir... su morada y a los que viven en el cielo" (Nueva Versión Internacional); "blasfemando... su morada, es decir, a quienes habitan el cielo" (Revised Standard Version). La segunda traducción iguala el tabernáculo de Dios con los que moran en el cielo, mientras que la primera los considera como objetos separados contra los cuales blasfema la bestia. La interpretación que ve aquí dos asuntos diferentes es apoyada por Apocalipsis 12:12 en donde los cielos y quienes habitan en ellos son invitados a regocijarse por la victoria de Cristo sobre el dragón. Además, Juan nos dice varias veces que vio el santuario celestial donde los seres celestiales adoran a Dios (Apoc. 4-5; 11:19; 14:17).

¿Quiénes son los moradores del cielo? Quizá podemos responder con la pregunta: ¿Quiénes son los moradores de la tierra? En el libro de Apocalipsis los moradores de la tierra son quienes adoran al dragón y a la bestia, es decir, los que no tienen sus nombres escritos en el libro del Cordero (Apoc. 13:8; 17:8). Como enemigos de Dios y de su pueblo (Apoc. 6:10) matan a los dos testigos de Dios (Apoc. 11:10). Los siervos de Dios no son parte de los habitantes de la tierra; ellos ya pertenecen al reino de Dios y son —hablando espiritualmente— moradores del cielo. Blasfemar contra ellos significa que se convierten en el objeto de persecución de la bestia, como lo indica el siguiente versículo (cf. Hech. 13:45; 18:6).

El concepto de *autoridad* que Apocalipsis 13:5 introduce es desarrollado un poco más en el versículo 7. La bestia se convierte en un poder perseguidor que se opone a Dios y a sus siervos, repitiendo de esta manera lo que encontramos en Daniel 7:25. La bestia es un poder religioso y político que lanza un ataque contra el pueblo de Dios e intenta tener hegemonía universal.

Experiencia futura de la bestia (Apoc. 13:8-10a)

Restauración del poder. Si usted observa cuidadosamente su Biblia [si es una de las versiones más modernas como la Nueva Reina Valera 2000, Nueva Versión Internacional, Dios habla hoy, y otras] notará que mientras que los verbos en los versículos anteriores hablan de algo en el pasado, en Apocalipsis 13:8 los verbos miran hacia el futuro, sugiriendo que los eventos narrados todavía no han ocurrido.[4] Este pasaje describe la restauración futura de la bestia, lo cual ocurrirá después de ser sanada (vers. 4). El lenguaje usado sugiere que los eventos todavía se hallan en el futuro: "Y la adorarán todos los habitantes de la tierra" (NRV-2000). Esto se refiere al tiempo cuando toda la raza humana se habrá polarizado en dos grupos: los que siguen al Cordero de Dios y los que siguen al dragón. Los habitantes de la tierra son quienes apoyan el programa global del dragón, descrito más detalladamente en los siguientes capítulos.

La adoración juega un papel central en la guerra entre el bien y el mal. Tal como lo hemos sugerido, Satanás y sus aliados quieren ocupar el lugar de Dios en nuestro planeta y convertirse en los objetos exclusivos de adoración. Apocalipsis 13:8 indica que sólo lograrán esa meta en forma limitada. Quienes se les unen son sólo aquellos cuyos nombres no aparecen en el libro de la vida del Cordero. El libro de la vida contiene los nombres de los ciudadanos del reino de Dios, quienes tienen el derecho de entrar en la nueva Jerusalén (Apoc. 21:27). Ese privilegio les pertenece gracias al Cordero "inmolado desde el principio del mundo". La sangre del Cordero sola es la que hace posible que seamos ciudadanos de la ciudad celestial y que venzamos al dragón y sus aliados.

Pérdida del poder. La profecía apocalíptica anuncia el momento cuando la bestia perderá permanentemente su poder. El libro de Apocalipsis con frecuencia usa la frase "si alguno tiene oído, oiga", para introducir una exhortación importante (Apoc. 2:11, 17; 3:6). Algunas evidencias sugieren que Apocalipsis 13:10 describe la experiencia de los creyentes. En tal caso, estaría diciendo que algunos de ellos irán a la cautividad y otros serán muertos, pero que todos deberían permanecer fieles al Señor (cf. Jer. 15:2). Pero también podría estar describiendo el destino final de los que persiguieron y mataron a los siervos de Dios (Mat. 26:52). Éste será el tiempo cuando el Señor vindicará a su pueblo, vengando su sangre según se lo pidieron previamente (Apoc. 6:10). Es reconfortante saber que el mal no durará eternamente, sino que es el plan de Dios exterminarlo para siempre del universo.

Mientras tanto, sus siervos deben permanecer fieles a él.

Exhortación—descripción de los santos

La exhortación final describe a quienes resistirán la persecución y la opresión de la bestia y del dragón en el fin. Los victoriosos son "los santos", otro nombre del remanente mencionado en Apocalipsis 12:17. Son santos porque se identificaron con el Santo (Apoc. 16:5) y por lo tanto le pertenecen. Y son santos porque están totalmente consagrados al Señor y lo manifiestan a través de una vida de oración. La obra sacerdotal de Cristo hace sus oraciones aceptables ante Dios (Apoc. 5:8; 8:3, 4). Los santos son el objeto del ataque enemigo (Apoc. 13:7) y algunos de ellos morirán como mártires (Apoc. 16:6; 17:6; 18:24), pero no traicionarán a su Salvador (Apoc. 14:12). Como justos (Apoc. 19:8), anhelan la recompensa que recibirán de Dios (Apoc. 11:18). En el juicio final se regocijarán con el resto del universo proclamando la justicia de Dios al tratar con el mal (Apoc. 18:20). Su destino final es la nueva Jerusalén, donde residirán por siempre (Apoc. 20:9).

Apocalipsis exhorta a los santos a ser pacientes y fieles, dos características fundamentales de la vida cristiana. Paciencia significa perseverar con fe, rehusándose a ceder o rendirse aun bajo las circunstancias más angustiosas. Pero también expresa la idea de mirar hacia el momento de la liberación. La esperanza precede a la paciencia pero la paciencia, hace posible que resistamos. Fidelidad implica un objeto particular de devoción y compromiso, un nivel profundo de lealtad basado en una respuesta de gratitud a Dios por los muchos beneficios que ha derramado sobre nosotros. El objetivo del compromiso es Dios y el Cordero a quienes los santos nunca traicionarán. El lazo de unión entre ellos y su Salvador es tan fuerte que nada será capaz de apartarlos. Seguros al estar en las manos de Dios, ellos saben que nada puede arrebatarlos de su asimiento (Juan 10:28). Los victoriosos en el conflicto final tienen una conexión personal con su Salvador, y a través del poder del Espíritu no permitirán que nadie los arranque de él.

Sin embargo, el conflicto todavía no ha terminado; aún hay más.

---

[1] J. N. D. Kelly, The Oxford Dictionary of Popes (Oxford: Oxford University Press, 1986), pág. 302.

[2] J. F. Broderick, "Papacy", New Catholic Encyclopedia, vol. 10, pág. 965.

[3] David E. Aune, Revelation 6-16 (Nashville: Thomas Nelson, 1998), pág. 744.

[4] Id., pág. 746.

Instrumentos del dragón contra el remanente — II La bestia que surge de la tierra

El mapa político ha cambiado radicalmente desde la Edad Media. Después de la guerra fría la libertad y la democracia se están convirtiendo en el fundamento de más y más sistemas políticos alrededor del mundo. A fin de que la unión de la iglesia y el estado que predice la profecía tenga lugar a escala global, se requiere de una serie de eventos extraordinarios que precipiten dicho cambio. Pero la profecía indica que la transformación ciertamente ocurrirá y que la segunda bestia que surge de la tierra (Apoc. 13:11-18), jugará un papel importante en la producción de un cambio radical en el pensamiento de las naciones, el cual conducirá a la confrontación final entre Dios y las fuerzas del mal. Por lo tanto, es de suma importancia para el pueblo de Dios de hoy tener una clara comprensión de esta profecía apocalíptica a fin de evitar el engaño y desenmascarar el plan del enemigo de Dios. Es posible que no seamos capaces de entender cada detalle de dicha profecía, pero muchos de sus elementos son suficientemente claros como para que anticipemos lo que ocurrirá.

Origen y aparición de la segunda bestia (Apoc. 13:11)

El origen de esta bestia no tiene paralelo en ninguna de las profecías apocalípticas previas, en las cuales la mayoría de las bestias surgen del mar. El verbo *anabáino*, traducido como "salir", significa entre otras cosas "subir, ascender, crecer". El contexto determina el matiz particular expresado por él. En Apocalipsis 13:11 el verbo está seguido por la preposición *ek* ("de, desde"), traducida al español como "de". Ésta señala el lugar de donde surge la bestia: la tierra. Generalmente son las plantas las que surgen de la tierra, y la Biblia usa el verbo para describir a una planta en crecimiento (Mar. 4:7, 8, 32; Mat. 13:7). También describe a un pez sacado del agua, o sea, pescado (Mat. 17:27). Apocalipsis nos confronta con una bestia (Gr., *theríon*) que surge o crece como una planta de la tierra: una imagen extraña. ¿Existe algún antecedente bíblico de este fenómeno extraordinario? Sí.

En Génesis 1 —la historia de la creación de nuestro planeta— el Señor ordenó y las aves volaron por los aires y las aguas produjeron peces. Pero con respecto al ganado y los animales salvajes, él dijo: "Produzca *[yatsa']* la tierra seres vivientes..." (Gén. 1:24). El verbo *yatsa'*, "producir", tiene diferentes usos en el Antiguo Testamento, pero a veces se refiere al crecimiento de una planta, el producto que sale de la tierra (e.g., Isa. 11:1; Deut. 14:22). Obviamente, la idea en Génesis 1:24 no es que los animales son un tipo de planta, sino que Dios ordenó que la creación de los animales saliera de la tierra. El término hebreo traducido "seres vivientes" o "animales" en Génesis 1:24 es equivalente al griego *theríon* usado en Apocalipsis 13:11.

Así que ciertamente tenemos un paralelo bíblico de la imagen simbólica de la bestia que sale de la tierra. Pero, ¿qué significa esto? De acuerdo con Génesis, traer a la existencia una bestia del suelo o la tierra es un acto divino de creación, una manifestación del poder divino. Siendo que éste es el único paralelo de Apocalipsis 13:11, concluimos que la segunda bestia surge como resultado de un acto divino de creación y que Dios estuvo involucrado en su origen. No surgió espontáneamente de las fuerzas del caos: el mar. Dos piezas más de información confirman esta postura.

En primer lugar, la bestia que surge de la tierra tiene dos cuernos similares a los de un cordero. En Apocalipsis el símbolo de un cordero siempre designa el instrumento redentor de salvación de Dios: Cristo. Al conectar un elemento del símbolo del cordero con esta bestia, Juan nos dice que la criatura tiene cierta asociación con Dios al salir de la tierra y que no era necesariamente una enemiga de Dios. Únicamente después, cuando es capaz de hablar, se convierte en un agente del dragón, que habla como él. En segundo lugar, el resto del libro de Apocalipsis llama a la segunda bestia "falso profeta" (Apoc. 16:13; 19:20; 20:10). En el Nuevo Testamento ese título generalmente designa a individuos dentro de la comunidad de creyentes que se convierten en agentes de engaño al proclamar profecías falsas. En un sentido, podríamos comparar a la segunda bestia, o falso profeta, con Balaam, quien originalmente parecía ser un verdadero profeta de Dios, o al menos usado por el Señor, pero que apostató y se convirtió en un agente de engaño (Núm. 22-24; Jos. 24:9-10; Apoc. 2:14). Ésa parece ser la experiencia de la bestia que surgió de la tierra.

Relación con la primera bestia (Apoc. 13:12)

La autoridad de la segunda bestia se deriva de la primera y, en última instancia, del dragón. La conexión es con la autoridad de la primera bestia, porque de esa manera somos capaces de entender la naturaleza de la autoridad de la bestia de la tierra. Es el mismo tipo de autoridad que el de la bestia del mar. Como ya hemos notado, la autoridad de la bestia del mar consistía en oponerse a Dios y en perseguir a su pueblo. El poder representado por la segunda bestia hará lo mismo, pero lo hará "en favor de" la primera. Una traducción literal de la frase "en favor de" sería "ante/en presencia de", que significa "por su autoridad", sugiriendo que la segunda bestia actúa como representante de la primera; o aún mejor, "comisionada por la bestia".[1] El falso profeta está al servicio de la bestia que sube del mar.

La tarea más importante de la bestia que surge de la tierra es lograr la sanidad completa de la primera bestia. Ya vimos que la bestia herida será totalmente sanada al convertirse en un objeto de adoración mundial. Apocalipsis nos dice que el falso profeta será un instrumento para lograr ese fin. "Y hace que la tierra y los moradores de ella adoren a la primera bestia, cuya herida mortal fue sanada" (Apoc. 13:12). El resto del capítulo 13 explicará el proceso a través del cual el falso profeta conduce a la gente a adorar a la bestia.

Se identifica a la segunda bestia

Estamos listos para identificar a la segunda bestia —el falso profeta—, mencionada en Apocalipsis 13:11. La primera cosa que debiéramos notar es que el falso profeta adquiere poder en algún momento después de la herida de la primera bestia, pero antes de su sanidad total. Basamos esta conclusión en el hecho de que la bestia de la tierra ayuda a sanar a la primera bestia. Esto también nos indica que hay un tiempo durante el cual ambas bestias coexisten y trabajan juntas hacia una meta común. Siendo que la primera bestia recibió su herida mortal en 1798, la bestia de la tierra adquiere poder alrededor de ese año.

En segundo lugar, también hemos indicado que la segunda bestia es, al menos inicialmente, un instrumento divino o una agencia para promover ideales compatibles con los principios bíblicos. Esto sugiere que por un tiempo la bestia de la tierra no se opone al pueblo de Dios, o al menos no tiene el deseo de perseguirlo. Por lo tanto, podemos concluir que la segunda bestia representa a un poder que reconoce la libertad religiosa.

La bestia de la tierra representa a un poder que adquirió fuerza alrededor del año 1798, que al principio era manso como un cordero y que promovió la libertad religiosa. La única posibilidad histórica es los Estados Unidos de Norteamérica como nación protestante. Esa tierra se convirtió en un refugio para los protestantes que querían vivir en un ambiente donde pudieran estar a salvo de la persecución por causa de sus creencias religiosas. Al parecer el Señor tenía algunos planes específicos para la América protestante. Elena de White escribió: "Estados Unidos es un país que ha estado bajo el escudo especial del Omnipotente".[2] A él llegaron exiliados cristianos buscando "asilo contra la opresión real y la intolerancia sacerdotal" y "resolvieron establecer un gobierno sobre el amplio fundamento de la libertad civil y religiosa".[3] Ella añade: "El Señor ha favorecido a los Estados Unidos más que a cualquier otra nación... En esa nación el cristianismo ha prosperado conservando su pureza... Era propósito divino que en esta nación siempre hubiera libertad para que las gentes pudieran adorarlo de acuerdo con los imperativos de su conciencia. Era su intención que las instituciones civiles manifestaran en su expansión y desarrollo la libertad que otorgan los atributos del evangelio... Pero el enemigo de toda justicia ha trazado sus proyectos con respecto a los planes que Dios tiene para esta nación. Introducirá actividades que harán que los hombres se olviden de la existencia de Dios".[4] La bestia de la tierra hablará finalmente como dragón: "La profecía representa al protestantismo con cuernos semejantes a los de un cordero, pero que habla como dragón".[5]

Un mundo engañado (Apoc. 13:13-15)

Apocalipsis 13:11 nos dice que la bestia que surge de la tierra hablará como dragón, y el versículo 12 aclara que ello significa que hará que "la tierra y los moradores de ella adoren a la primera bestia". La pregunta obvia es: ¿cómo ocurrirá tal cosa? La respuesta aparece en Apocalipsis 13:13-17, que describe el plan mundial de la segunda bestia, el falso profeta. El falso profeta usará el *engaño* y la *persecución o coerción* para lograr su propósito. Engañará al mundo entero excepto al remanente, que todavía tiene que sufrir persecución.

Engaño (Apoc. 13:13, 14). Aquí el carácter de la segunda bestia como falso profeta surge a la superficie con todo su poder engañador. A través del fenómeno del espiritismo, el protestantismo apóstata se convertirá en una influencia engañosa. Los milagros se producen para validar las pretensiones del falso profeta de ser un agente divino. El falso profeta incluso "hace descender fuego del cielo".

El libro de Apocalipsis en algunos casos asocia el fuego con la Deidad. Por ejemplo, Juan vio "siete lámparas de fuego", identificadas como un símbolo del Espíritu (Apoc. 4:5). De hecho, el Espíritu descendió sobre los apóstoles en forma de lenguas de fuego (Hech. 2:3). Juan también vincula el fuego con Cristo, cuyos ojos eran "como llama de fuego" (Apoc. 1:14), y sus "pies como columnas de fuego" (Apoc. 10:1).

La Biblia considera frecuentemente el fuego como un símbolo divino. Nosotros nos referimos al fuego como un motivo teofánico; es decir, cuando Dios se manifestaba a los humanos, el fuego lo acompañaba. La aparición (teofanía) más importante de Dios en el Antiguo Testamento a los humanos ocurrió en el Sinaí: "Todo el monte Sinaí humeaba, porque Jehová había descendido sobre él en fuego" (Éxo. 19:18). Pero posiblemente el mejor paralelo de la obra del falso profeta es el incidente de Elías y los profetas de Baal. El profeta confrontó al pueblo con la necesidad de escoger entre Dios y Baal como el verdadero objeto de adoración. A fin de ayudarlos a decidir, iba a ocurrir un milagro: el verdadero Dios haría descender fuego del cielo (1 Rey. 18:20-39). Pero Baal no pudo hacer tal milagro. Sólo el Señor se manifestó como el verdadero Dios a través del fuego que cayó del cielo. El libro de Apocalipsis dice que llegará el tiempo cuando los poderes del mal serán capaces de imitar a Dios, haciendo descender fuego del cielo, invirtiendo así la alusión al monte Carmelo.

Apocalipsis 13:13 describe un intento de los poderes malignos de falsificar la presencia de Dios. A través de actividades milagrosas buscan persuadir a la humanidad de que representan al Dios verdadero. Como resultado de esa falsa teofanía, muchos adorarán al dragón y a la bestia (Apoc. 13:4, 12). Pero muy pronto ocurrirá la más grande y maravillosa teofanía: la "manifestación gloriosa de nuestro gran Dios y Salvador Jesucristo" (Tito 2:13). La Escritura asocia ese evento con el fuego porque quien regresa es nuestro *Dios* y Salvador. El mejor ejemplo aparece en 2 Tesalonicenses 1:7, 8: "Cuando se manifieste el Señor Jesús desde el cielo con los ángeles de su poder, en *llama de fuego* [énfasis añadido]". ¡El verdadero fuego que viene del cielo simboliza la presencia de Cristo en la segunda venida!

Cuando Apocalipsis 13:13 declara que el falso profeta hará descender fuego del cielo se está refiriendo a un intento por parte de Satanás para *imitar* la segunda venida de Cristo a fin de engañar al mundo. "Y no es maravilla —escribió Pablo—, porque el mismo Satanás se disfraza como ángel de luz" (2 Cor. 11:14). El diablo tratará de probar, más allá de cualquier duda razonable, que él es digno de adoración al pretender ser el Mesías. Ya hemos visto que Jesús nos alertó contra tal manifestación falsa de pretensiones mesiánicas.

Elena G. de White describió ese evento en un lenguaje vívido: "El acto capital que coronará el gran drama del engaño será que el mismo Satanás se dará por el Cristo... El gran engañador simulará que Cristo habrá venido... La gloria que le rodee superará cuanto hayan visto los ojos de los mortales. El grito de triunfo repercutirá por los aires: '¡Cristo ha venido! ¡Cristo ha venido!' El pueblo se postrará en adoración ante él".[6] Ella añade: "Se nos ordenará rendir culto a ese ser a quien el mundo glorificará como a Cristo. ¿Qué haremos? Debemos decirles que Cristo nos ha puesto en guardia precisamente contra semejante adversario, que es el peor enemigo del hombre aunque afirme ser Dios".[7] No hay razón para temerle porque él es un enemigo vencido, y el Señor nos fortalecerá para enfrentarlo.

Persecución (Apoc. 13:14b-15). Para engañar a la humanidad, los poderes malignos harán muchos milagros, incluyendo la imitación de la segunda venida de Cristo. Pero a fin de conseguir el apoyo del mundo para perseguir al remanente y matarlo, las fuerzas del mal le harán una imagen a la bestia y exigirán que todos la adoren. Éste es el tiempo cuando la raza humana se polarizará, revelando claramente quiénes siguen al Cordero.

La creación de tal imagen con la intención de adorarla viola el segundo mandamiento. Los israelitas en Babilonia enfrentaron el mismo desafío pero no temieron ser identificados como guardadores de los mandamientos de Dios y por lo tanto rehusaron adorar la imagen de Nabucodonosor (Dan. 3). Posiblemente el modelo de esa imagen provino del propio sueño del rey (Dan. 2).

La bestia de la tierra es capaz de engañar a sus habitantes y luego usar su influencia para ordenarles que le "hagan imagen a la bestia", la cual es también una "imagen de la bestia" (Apoc. 14:15). Es una imagen "a" la bestia ya que será puesta al servicio de la primera bestia para lograr su propósito, y es una imagen "de" la bestia ya que imita sus acciones; actúa como la bestia.

Una imagen es una copia de algo a lo cual representa en cualquier lugar donde el original no puede manifestarse. La bestia unió los poderes civil y religioso, se opuso al verdadero Dios y emprendió la guerra contra él y su pueblo. En consecuencia, la imagen de la bestia reproduce en una escala incluso mayor el espíritu y carácter de la bestia que sube del mar. Es en este punto donde la sanidad de la primera bestia será una realidad y todos aquellos que se dejen engañar por los milagros efectuados por el falso profeta adorarán al dragón y a la bestia (vers. 4, 8).

Apocalipsis ilustra cómo la bestia y el dragón ponen sus planes en acción por medio del simbolismo de infundir aliento a la imagen (vers. 15). La bestia de la tierra, la América protestante, iniciará un proceso que proveerá apoyo mundial al programa de la bestia. El simbolismo se deriva de Génesis 2:7 en donde Dios sopló el aliento de vida en Adán, su imagen, quien lo representaría en el planeta. El acto de infundir aliento describe el poder divino de crear vida. Al darle vida a la imagen de la bestia las fuerzas del mal hacen una afirmación teológica de que tienen poder sobre la vida y la muerte para determinar quién debe morir o vivir. Cualquier negativa en apoyar la agenda de la bestia resultará en muerte. Esto es salvación mediante la obediencia a las demandas de los poderes malignos.

Apocalipsis 17:12-14 describe el mismo evento. Los líderes políticos del mundo, representados por los 10 reyes, "tienen un mismo propósito, y entregarán su poder y su autoridad a la bestia. Pelearán contra el Cordero, y el Cordero los vencerá". Será la última fase del ataque contra el remanente mencionado primero en Apocalipsis 12:17. La profecía predice un tiempo cuando la América protestante se unirá con la Roma eclesiástica en un esfuerzo mundial para promover el programa del dragón y de la bestia en oposición al mensaje del Cordero.

Marca de lealtad (Apoc. 13:16-18)

La bestia de la tierra controlará totalmente el comercio por medio de su poder para excluir personas de participar en la economía mundial. La lealtad a la bestia y al dragón será un prerrequisito para la estabilidad financiera y el intercambio comercial. El destino de todos dependerá de su devoción a la bestia del mar, una lealtad evidenciada mediante la posesión de una marca equivalente al nombre de la bestia o al número de su nombre. Estamos tratando con la misma naturaleza de la bestia: su carácter, lo que representa. La marca es una característica exterior que expresa el espíritu de ese poder, con lo cual hace posible que otros identifiquen a quienes lo apoyan. El resultado de la marca tiene que ser visible de alguna manera, de otro modo no podría funcionar como una indicación de lealtad.

El espíritu de rebelión y oposición a Dios del dragón se ha manifestado de manera particular en su ataque contra la ley de Dios, un punto que es bastante claro en Daniel 7:25. El pasaje profetiza el intento de cambiar la ley de Dios, y la historia nos dice que esto ocurrió en el cambio de la observancia del sábado por la observancia del domingo. En el libro de Apocalipsis, como ya lo hemos indicado, la ley de Dios juega un papel significativo. Juan describe al pueblo de Dios como quienes guardan sus mandamientos. Así que lo que realmente distingue a los seguidores de Cristo de los del dragón es la obediencia a la ley divina, incluyendo el cuarto mandamiento. Bien podría ser que el asunto crítico al final del conflicto no sólo sea admitir que Cristo es nuestro Salvador sino también demostrar que él es nuestro Señor siendo fieles a él y a su ley. Siendo que Satanás intentará hacerse pasar por Cristo, se esperaría que todos lo reconocieran como Salvador. Quienes sigan al verdadero Cristo se darán a conocer mediante la obediencia a su ley y no a las reglas impuestas sobre la humanidad por el dragón y sus asociados. El asunto de la observancia del domingo será de importancia crucial para identificar a quienes no se sometan al Señor. Sin embargo, la observancia del domingo no es todavía la marca de la bestia. Lo será tan sólo cuando sea impuesta mediante la ley, bajo la amenaza de persecución y muerte.

Juan dice que el número de la bestia es el 666. Éste es uno de esos casos en los que los intérpretes debieran ser muy cuidadosos y evitar la especulación tanto como sea posible. Los adventistas han seguido tradicionalmente a otros intérpretes protestantes al encontrar ese número en la suma de las letras del título papal *VICARIVS FILII DEI* ("Vicario del Hijo de Dios"). El escritor protestante alemán Andreas Helwig parece haber sugerido esto originalmente alrededor del año 1611 d. C.[8] Urías Smith aceptó esa interpretación y la difundió entre los adventistas por medio de su libro sobre Apocalipsis. De manera interesante, Elena de White, quien escribió extensamente sobre los eventos finales, nunca usó ese título papal para explicar el número 666.[9]

Al evaluar tal interpretación del número simbólico 666 debemos mantener en mente que no es cierto que "Vicario del Hijo de Dios" fue siempre un título oficial del papa. Segundo, si el número está de algún modo relacionado con el valor numérico de las letras del nombre, nos enfrentamos al problema de determinar qué lenguaje usar. El texto bíblico no especifica algún lenguaje particular; por lo tanto, cualquiera que elijamos será un asunto de opinión personal. Finalmente, la frase griega traducida "es número de hombre", también podría traducirse "es el número de la humanidad". En tal caso, no se está refiriendo a una persona en particular sino a una característica de la humanidad separada de Dios. Siendo que Dios creó a los seres humanos durante el sexto día, podría ser un símbolo de la humanidad, pero de una humanidad que todavía no ha descansado con Dios y sin el gozo de una relación armoniosa con él durante el séptimo día.[10] El número revela la naturaleza rebelde de los enemigos de Dios y de su remanente. Esa parece ser la mejor interpretación disponible.

---

[1] H. Kraemer, "Enopion (in the presence of) before", Horst Balz y Gerhard Schneider, eds., Exegetical Dictionary of the OT (Grand Rapids: Eerdmans, 1990), tomo 1, pág. 462.

[2] Comentarios de Elena G. de White en el Comentario bíblico adventista (Boise, Id.,.: Publicaciones Interamericanas, 1990), tomo 7, pág. 986.

[3] El conflicto de los siglos, pág. 494.

[4] ¡Maranata: el Señor viene!, pág. 191.

[5] Comentarios de Elena G. de White en el Comentario bíblico adventista, tomo 7, pág. 986.

[6] El conflicto de los siglos, pág. 682.

[7] ¡Maranata: el Señor viene!, pág. 204.

[8] LeRoy E. Froom, Prophetic Faith of Our Fathers (Wáshington, D. C.: Review and Herald Pub. Assn., 1984), tomo 2, págs. 605-608.

[9] Véase "Number of the Beast" en The Seventh-day Adventist Encyclopedia (Wáshington, D. C.: Review and Herald Pub. Assn., 1976), págs. 1008-1011.

[10] Véase Beatrice S. Neall, The Concept of Character in the Apocalypse (Wáshington, D. C.: University Press of America, 1983), pág. 154, donde

ella escribe: "Seiscientos sesenta y seis, sin embargo, representa la negativa del hombre de avanzar al siete, de dar gloria a Dios como Creador y Redentor. Representa la fijación del hombre consigo mismo, buscando la gloria en sí mismo y en sus propios poderes creativos sin Dios".

ONCE

Los mensajes de los tres ángeles: Apocalipsis 14:1-12

Apocalipsis 13 termina con una nota triste. Apoyado por sus principales agentes —los poderes representados por las bestias que surgen del mar y de la tierra y todos los habitantes del mundo que han prometido aliarse con él—, Satanás parece tener controlado el destino del remanente. Su plan mundial parece tener éxito. Él cree que muy pronto habrá borrado al remanente del planeta, y que él será el único gobernante de la raza humana. Lo que parece haber pasado por alto es que Dios también tiene un plan mundial, y que el pueblo remanente es indispensable para su cumplimiento. Por lo tanto, nadie será capaz de destruirlo.

El Cordero y el remanente sobre el monte de Sión

Sobre el monte de Sión. El remanente es indestructible porque se halla junto al Cordero de Dios sobre el monte Sión, escondido bajo las alas del Omnipotente, de los ataques del dragón. Esta visión no se centra en el remanente sino en el Cordero que está en pie sobre el monte de Sión. Dios redimió a su pueblo a través del Cordero, y él lo hará victorioso gracias a la sangre del Cordero en la última batalla apocalíptica. Aunque amenazado de muerte por el dragón, al pueblo remanente se lo describe más allá del alcance de las fuerzas del mal. Aun cuando están todavía sobre la tierra, se hallan espiritualmente en el lugar más seguro del universo: en compañía del Cordero.

El monte de Sión era en el Antiguo Testamento el lugar donde se encontraba el templo y donde Dios reinaba y habitaba entre su pueblo. El Salmo 2 describe una situación en la cual las naciones de la tierra han conspirado juntas contra el ungido de Dios, el Mesías. El Señor se burla de ellos y proclama la derrota de las naciones, "porque —dice él— yo he puesto mi rey sobre Sión, mi santo monte" (Sal. 2:6). Sión es el lugar de refugio del remanente: "Porque saldrá de Jerusalén remanente, y del monte de Sión los que se salven. El celo de Jehová de los ejércitos hará esto" (2 Rey. 19:31). El remanente lo conforman los sobrevivientes dejados en Sión (Isa. 4:2-3), preservados por Dios de los ataques del enemigo. La misma asociación de ideas aparece en Apocalipsis 14:1, donde el Mesías y el remanente son el blanco del dragón y sus asociados; pero el remanente halla refugio en el Mesías.

El sello de Dios. El símbolo de los 144 mil que tienen el nombre del Cordero y de Dios escrito sobre sus frentes también representa al remanente. Dicho símbolo parece describir de manera especial a quienes estarán vivos sobre la tierra cuando Cristo regrese: una interpretación apoyada por el hecho de que Apocalipsis 6:14-16 describe la segunda venida de Cristo seguida por la pregunta: "porque el gran día de su ira ha llegado; ¿y quién podrá sostenerse en pie?" (Apoc. 6:17). La respuesta a esa pregunta se da en el capítulo 7: los 144 mil. Elena G. de White dice de ellos que, "habiendo sido trasladados de la tierra, de entre los vivos, son contados por 'primicias para Dios y para el Cordero'".[1] Es una tentación especular respecto a este tema, pero debemos resistirla, porque la información que tenemos es extremadamente limitada.

Los 144 mil tienen el nombre del Cordero y de su Padre escrito sobre sus frentes. Si, de acuerdo con Apocalipsis 7:3, Dios puso su sello sobre las frentes de sus siervos, entonces el sello y el nombre de Dios deben referirse a la misma cosa. El nombre de Dios y el del Cordero representan sus caracteres, lo que ellos son. Por lo tanto tener su nombre sobre nuestra frente es reflejar el carácter de Dios en nuestra vida. Él nos lo reveló a través de su ley y en la vida de Jesús, quien la ejemplificó para nosotros. Ya indicamos que en el libro de Apocalipsis quienes pertenecen a Dios obedecen sus mandamientos. Sus vidas de sumisión obediente a la voluntad de Dios revelan que en realidad le pertenecen y están bajo su cuidado protector. Este firme compromiso con Dios y con la verdad los distingue de quienes siguen a la bestia y tienen su marca. Aceptar a Cristo como nuestro Salvador no es algo que pueda hacerse sin una vida de obediencia amorosa a todos sus mandamientos. Su ley contiene el sello de Dios en el cuarto mandamiento, una señal de creación (Éxo. 31:17), redención (Deut. 5:15) y santificación (Éxo. 31:13). La obediencia del remanente a ese mandamiento durante las escenas finales del conflicto cósmico lo distinguirá de quienes adoran al dragón y a la bestia. A través del poder del Espíritu esa obediencia resulta en un carácter santo.

Un coro y cántico nuevos

Juan escucha un cántico maravilloso y sonoro que para él es como el sonido refrescante de muchas aguas, como el sonido poderoso de un trueno y como el sonido inspirador y armonioso de un arpa. Las imágenes que él usa indican que la música es extraordinaria, que él nunca ha estado en un programa musical como éste, y busca las palabras para expresar su experiencia. El coro parece consistir de un número simbólico de 144 mil seres que conforman el remanente que canta ante el trono de Dios. Nadie más puede aprender este canto, porque nadie ha pasado por esta experiencia.

Juan da varias características claves de los 144 mil. En primer lugar, Dios los ha *redimido de entre los de la tierra*. Apocalipsis 14:3 y 4 nos dice dos veces que éstos fueron "redimidos de entre los de la tierra/de entre los hombres". El mismo verbo aparece en Apocalipsis 5:9 donde unos seres celestiales cantan: "Porque tú [el Cordero] fuiste inmolado, y con tu sangre nos has redimido para Dios, de todo linaje y lengua y pueblo y nación". El Nuevo Testamento testifica claramente que Cristo nos compró o redimió, y que el precio que pagó fue su propia sangre/vida (2 Ped. 2:1; 1 Ped. 1:18, 19). Cristo ganó el derecho del pueblo de Dios para que pueda estar en pie ante su trono y para que lo alabe por su muerte expiatoria. No es la recompensa por nuestra fidelidad a él. Así que ya no nos pertenecemos más a nosotros mismos, porque Cristo, nuestro nuevo propietario, pagó el precio de nuestra redención (1 Cor. 6:20). Le somos leales porque él cubrió el costo de nuestra salvación.

En segundo lugar, *son vírgenes*. La frase "no se contaminaron con mujeres" clarifica la metáfora. La imagen que se usa es la de una mujer desposada que se mantiene sexualmente pura para su futuro esposo. En 2 Corintios 11:2 Pablo aplica la misma metáfora a los cristianos: "Porque os celo con celo de Dios; pues os he desposado con un solo esposo, para presentaros como una virgen pura para Cristo". Los 144 mil se han mantenido fieles a Cristo al no contaminarse con la prostituta descrita en Apocalipsis 17.

En tercer lugar, *siguen al Cordero*. El remanente no adora a la bestia ni al dragón. La estrecha relación entre los 144 mil y el Señor comenzó cuando ellos todavía estaban sobre la tierra y continuará por la eternidad.

En cuarto lugar, *son ofrecidos como primicias*. Israel dedicaba los primeros frutos a Dios como una expresión de gratitud por la cosecha. Ellos pertenecían a Dios. Los 144 mil son de Cristo en forma especial debido a su experiencia singular al cierre de la batalla cósmica, cuando tienen que enfrentar el engaño y la persecución por parte de las fuerzas del mal en una manera nunca vista antes en la historia humana. Ellos siguen al Cordero dondequiera que él va. La imagen de las primicias también señala hacia el hecho de que muchos más experimentarán la salvación. Los 144 mil son el anticipo de la inmensa cosecha de Dios. Los redimidos de todas las edades se unirán a Cristo y al remanente escatológico para disfrutar de su presencia por siempre.

En quinto lugar, *no fue hallada mentira en sus bocas*. Una de las características básicas de los redimidos es que han proclamado la verdad. No hay nada en sus palabras o acciones que refleje algún tipo de engaño. Mentir es identificarse con las fuerzas del mal y con el falso profeta (Apoc. 16:13; 19:20). Quienes aman la falsedad serán excluidos de la nueva Jerusalén (Apoc. 22:15).

Finalmente, el remanente es *sin mancha*, es decir, sin defectos morales. Ellos se identifican con Cristo, quien se ofreció sin mancha (Heb. 9:14). A través de su muerte expiatoria él hizo posible que todos puedan presentarse sin mancha ante Dios (Efe. 5:27). La última generación tendrá una relación íntima con el Salvador y crecerá constantemente en santificación al confiar únicamente en el poder de Cristo para salvarlos de sus enemigos.

Los mensajes de los tres ángeles

Podemos explicar fácilmente la conexión entre Apocalipsis 14:6-12 y la sección previa (Apoc. 14:1-5) como una descripción del proceso y los medios por los cuales Dios reúne al remanente escatológico. El capítulo comienza mostrándonos a ese grupo reunido ante el trono de Dios. Luego nos informa cómo los llamó Dios de entre los habitantes de la tierra. Apocalipsis 13 discute el plan mundial y la estrategia que usa el dragón para unir al mundo contra Cristo y su remanente. Ahora tenemos un vistazo del plan mundial de Dios y su propósito. Dos fuerzas actúan a escala mundial para lograr la lealtad de la raza humana, y es importante que nosotros estemos del lado correcto del conflicto.

Aunque hay algunas similitudes entre los dos planes, las diferencias son fundamentales. Ambos usan tres *instrumentos* o medios de comunicación. Dios emplea tres seres angélicos (Apoc. 14:6-9) y el dragón recurre a tres demonios (Apoc. 16:13), quienes son mensajeros de vida y muerte respectivamente. El *método* que Dios usa consiste en proclamar el evangelio de salvación y el juicio a toda nación, tribu, lengua y pueblo (Apoc. 14:6). El dragón se basa en la realización de milagros y en la obtención del apoyo de los reyes de la tierra (Apoc. 13:13; 16:14). Dios apela a la razón humana y a las necesidades espirituales reales de los individuos y se asegura que toda persona escuche el mensaje y tome una decisión. El dragón apela a las emociones e impone su voluntad por la fuerza a través de la autoridad y el poder político.

Los dos planes tienen fundamentalmente *propósitos* diferentes. Dios desea preparar a su pueblo contra el engaño, reunir a su pueblo remanente de todas las naciones en el monte de Sión y desenmascarar los verdaderos planes del dragón (Apoc. 14:1, 6-9). El dragón intenta engañar a todo el mundo (Apoc. 13:13; 16:14), reunir a los reyes de la tierra en Armagedón (Apoc. 16:14) y derrotar al remanente (Apoc. 13:15). El *resultado final* de los dos planes es diametralmente opuesto. El plan de Dios triunfará y su pueblo saldrá victorioso (Apoc. 14:4), mientras que el dragón y sus confederados terminarán siendo vencidos y destruidos (Apoc. 16:19). Uno no puede sobreenfatizar la importancia, la necesidad y la urgencia de la proclamación de los mensajes de los tres ángeles al mundo. Dios le ha confiado este gran privilegio y responsabilidad a la Iglesia Adventista y nada debiera distraernos de cumplir nuestra misión.

El mensaje del primer ángel (Apoc. 14:6, 7)

Contenido del mensaje. En la proclamación del último mensaje de Dios para la raza humana participan agencias tanto humanas como celestiales. La Escritura define *el contenido del mensaje* presentado por el primer ángel como el "evangelio eterno". Las "buenas nuevas" de salvación a través de la fe en la muerte expiatoria de Cristo se hallan en el corazón de la proclamación de este ángel. Evangelio significa "buenas nuevas" y el uso que Juan le da presupone su sentido apostólico; por lo tanto, nosotros debiéramos interpretarlo a la luz del resto del Nuevo Testamento. "El evangelio no requiere que los hombres logren su propia salvación mediante un acto de arrepentimiento. El evangelio es la declaración de que 'Cristo Jesús vino al mundo para salvar a los pecadores' (1 Tim. 1:15); que 'de tal manera amó Dios al mundo, que ha dado a su Hijo unigénito' (Juan 3:16); que 'siendo aún pecadores, Cristo murió por nosotros' (Rom. 5:8); y el evangelio de Juan es el mismo: 'Al que nos amó, y nos lavó de nuestros pecados con su sangre... a él sea gloria e imperio por los siglos de los siglos' ([Apoc] 1:5-6)."[2] (Véase también Apocalipsis 5:9.) Este evangelio es válido eterna y permanentemente para todas las épocas y personas.

Blanco del mensaje. El *blanco o audiencia* del evangelio es de naturaleza universal, porque el problema que el evangelio busca solucionar es universal y afecta a cada individuo del planeta. El ángel dirige el mensaje a los "moradores [lit. "que se sientan"] de la tierra", más específicamente a "toda nación, tribu, lengua y pueblo". El pasaje presupone que la polarización final de la raza humana todavía no ha ocurrido y que para entonces muchos, después de escuchar el evangelio, elegirán seguir al Cordero. Ellos serán parte del remanente escatológico de Dios. De hecho, Cristo compró al remanente a través de su sangre "de todo linaje y lengua y pueblo y nación" (Apoc. 5:9; cf. 14:3). Dios usa la expresión histórica del remanente —los que quedaron después del ataque del dragón contra la mujer durante 1260 años— para reunir al resto del remanente escatológico: los que estarán vivos cuando Cristo regrese.

Respuesta al mensaje. El ángel extiende a todos una invitación, un *llamamiento:* "temed a Dios", "dadle gloria" y "adorad". Esta sucinta invitación resume la respuesta que Dios espera de la raza humana al enfrentar las fuerzas del maligno en la última batalla del conflicto entre el bien y el mal. El *temor* de Dios deriva del hecho de que él es grande, majestuoso y único. Su presencia inspira temor porque él está más allá de nuestra total comprensión (Deut. 7:21; 10:17; Mar. 9:2-6). Pero él nos dice "no temáis", porque su presencia no pone en peligro nuestra existencia; más bien puede enriquecerla superando nuestras expectativas. Así que la frase "temed a Dios" expresa la idea de una sumisión confiada a Dios. Siendo que su presencia también trae salvación a su pueblo, el "temor" que produce resulta en alabanza y adoración a Dios. Quienes temen a Dios son aquellos que le alaban, confían en él y guardan sus mandamientos (Deut. 8:6). El llamamiento a temer a Dios nos invita a estar listos para encontrarnos con nuestro majestuoso y único Dios en un estado de sumisión y compromiso con él a través de la obediencia a su buena voluntad.

Con frecuencia en la Biblia el temor a Dios guía al individuo a glorificarle (Apoc. 15:4; Mat. 9:8). En el Antiguo Testamento la palabra hebrea traducida como "gloria" (*kabod*) significa "peso". La gente creía comúnmente que la función de una persona en la sociedad estaba determinada por su "peso", es decir, por la importancia e influencia del individuo. Las personas sabias o ricas tenían una gran influencia; sus palabras y acciones tenían "peso" social e inspiraban respeto y honor. La sociedad admitía públicamente su "gloria/peso" al reconocer lo que habían hecho por otros. En consecuencia, el verbo llegó a significar "ser honrado" o reconocer la importancia de alguien. Por lo tanto, dar gloria a Dios significa reconocerlo como la persona más importante del universo. Nadie tiene mayor "peso" o influencia que él en nuestra vida. Dar gloria a Dios es asignarle a él el primer lugar en nuestra vida y oponerse al plan mundial del dragón que desea robarle a Dios su gloria.

La urgencia de la proclamación a temer a Dios y darle gloria resulta del hecho de que la hora de su juicio ha llegado. El pregón de los mensajes de los tres ángeles tiene lugar mientras el juicio anunciado por Daniel está todavía en progreso. El juicio es buenas nuevas porque nos informa que Cristo todavía está intercediendo en nuestro favor en el santuario celestial y que aún queda tiempo para que nos unamos a él en la batalla contra el dragón. Es la última oportunidad que tiene la raza humana de unirse al Cordero en oposición a las fuerzas del mal.

El ángel convoca a la humanidad a "adorad a aquel que hizo el cielo y la tierra, el mar y las fuentes de las aguas". La adoración es un elemento clave en el conflicto cósmico porque hace surgir el importante tema del objeto verdadero y correcto para adorar. El dragón intenta colocarse, tanto él cómo la bestia que surge del mar, en el mismo centro de la existencia humana al convertirse en el foco de su adoración (Apoc. 13:4; 14:9). El remanente se compone de aquellos que han decidido adorar sola y exclusivamente al Creador. El mandamiento del sábado describe a Dios como digno de adoración porque él es nuestro Creador (Éxo. 20:11) y Redentor (Deut. 5:15); y Juan usa parte de su lenguaje a fin de establecer la razón de adorar a Dios.

El mensaje del segundo ángel (Apoc. 14:8)

El mensaje del primer ángel proclama esencialmente el triunfo del plan de Dios para el mundo, mientras que el mensaje del segundo ángel anuncia el fracaso del plan del dragón. La Escritura utiliza el símbolo de una ciudad —Babilonia— para representar los logros del dragón, de la bestia que surge del mar y de la bestia que surge de la tierra. La caída de la ciudad describe la victoria de Dios sobre esos poderes malignos. La Biblia también describe a Babilonia como una mujer a fin de ilustrar que no es sólo un poder político: una ciudad; sino también un poder religioso: una mujer. Ya hemos visto que la Escritura emplea a la mujer como símbolo del pueblo de Dios, ya sea como una comunidad fiel (Apoc. 12:1) o como una comunidad infiel: una prostituta (Apoc. 17:5). La ciudad será destruida y la prostituta quemada con fuego (vers. 16).

En el Antiguo Testamento Babilonia representa la arrogancia

humana y la rebelión contra Dios. La construcción de la torre de Babel (Gén. 11:1-9) representó tanto un rechazo de la dirección divina como un intento de autopreservación mediante el esfuerzo humano. Los babilonios llamaron a la ciudad *Bab-ilu*, "puerta de los dioses", sugiriendo que a través de la ciudad tenían acceso a los dioses. La Biblia prefirió interpretar ese nombre sobre la base de la palabra hebrea *balal*, confundir (vers. 9). La ciudad, lejos de ser un lugar de acceso a Dios, era un centro de confusión. Babilonia llegó a ser un símbolo apropiado para el archienemigo de Dios y de su pueblo (Jer. 50:24, 28, 29).

El libro de Apocalipsis usa el término Babilonia para describir al archienemigo de Dios y el remanente en el tiempo del fin. Juan aplica la imagen de una prostituta a Babilonia para recordarnos su verdadera naturaleza. Tal como se indicó anteriormente, el símbolo de una prostituta representa a una comunidad infiel a Dios. Dicha infidelidad se manifiesta en dos formas. En primer lugar, la comunidad rechaza la verdad de Dios y practica un sistema sincretista de adoración que es fundamentalmente un acto de idolatría (Jer. 2:23-25; Ose. 1-3). Pablo anunció que este proceso de apostasía entraría en la iglesia (2 Tes. 2:3; Hech. 20:28, 29) y llevaría a la pérdida o distorsión de importantes verdades bíblicas.

En segundo lugar, la infidelidad espiritual se manifiesta en un intento por depender del poder civil en lugar del poder divino para lograr las metas de la comunidad (Eze. 16:26-29; Lam. 1:2, 9), desplazando a Dios y colocando su autoridad en manos del estado. El libro de Apocalipsis describe a los poderes malignos buscando el apoyo de los reyes de la tierra para impulsar sus planes contra Dios y el remanente (Apoc. 17:12, 13).

El proceso de la apostasía que Pablo predijo comenzó inmediatamente, se desarrolló durante la Edad Media, y alcanzará dimensiones universales en el tiempo del fin con el apoyo del protestantismo apóstata y el espiritismo. Luego la Babilonia escatológica amenazará la misma existencia del remanente (Apoc. 13:15). Pero el mensaje del segundo ángel proclama la caída de esa infame ciudad y el colapso de la coalición contra el pueblo de Dios. Esta caída es, en primer lugar, de tipo espiritual al unir sus fuerzas la bestia del mar y el falso profeta con el dragón y los reyes de la tierra en contra del remanente y su mensaje. Esto resultará en la polarización de la raza humana. En segundo lugar, la caída es también la separación de la coalición y el fracaso del dragón (Apoc. 17:15, 16). Nos estamos acercando rápidamente hacia ambos eventos.

El mensaje del tercer ángel (Apoc. 14:9-11)

El mensaje del tercer ángel es una amonestación hecha a la raza humana para que despierte: una advertencia acerca de los peligros que se hallan ante nosotros. Describe vívidamente la experiencia de quienes se unirán a la coalición del dragón para pelear contra el Cordero. Quienes adoren al enemigo y acepten voluntariamente la marca de la bestia beberán del vino de la ira de Dios. El simbolismo de una copa de vino conteniendo la ira judicial de Dios contra el mal aparece con frecuencia en los escritos de los profetas (Isa. 51:17; Jer. 25:15; Hab. 2:16), y señala hacia la destrucción final y definitiva de los pecadores. "Como una bebida embriagante, ésta priva de sus sentidos a quien deba tomarla, y lo hace tambalearse y caer, al punto de que no puede ponerse en pie nuevamente."[3] La imagen transmite la idea de un juicio progresivo que lleva a la inconsciencia total. El grado del castigo depende de los actos de la persona (cf. Apoc. 22:12). El árbitro moral del universo acabará con el conflicto cósmico. Los malos perecerán en presencia del Cordero y de los ángeles; en otras palabras, serán testigos del domino del Cordero antes que mueran.

El libro de Apocalipsis toma prestado el lenguaje del anuncio profético de la destrucción de Edom para describir la erradicación total del mal y de los pecadores que no se arrepintieron en el universo. Isaías escribió: "Sus arroyos [de Edom] se convertirán en brea, y su polvo en azufre, y su tierra en brea ardiente. No se apagará de noche ni de día, perpetuamente subirá su humo; de generación en generación será asolada, nunca jamás pasará nadie por ella" (Isa. 34:9, 10). Es un lenguaje de destrucción permanente y no de un tormento eterno. Juan emplea la misma imagen para anunciar la exterminación total y final de los malos. No hay descanso para ellos porque rechazaron el descanso que Cristo les ofreció (Mat. 11:28-30). Sin embargo, nadie necesita pasar por tal experiencia dolorosa porque Cristo ya bebió la copa de la ira de Dios por todos nosotros (Mar. 14:36).

Características del remanente

Después de describir el destino final de quienes siguen a la bestia y al falso profeta, el libro de Apocalipsis exhorta al remanente a permanecer leal a Dios. Una vez más encontramos el término "paciencia/resistencia" (véase Apoc. 13:10) y la necesidad de guardar los mandamientos (véase Apoc. 12:17). Pero también surge un nuevo elemento: ellos tienen la fe de Jesús. Podemos entender esa frase como que deben permanecer leales al mensaje de Jesús (véase 2 Tim. 4:7). Pero también podría indicar que ellos mantienen su fe en Jesús, es decir, ponen su fe en la obra que Cristo logró en su favor en la cruz. La ambigüedad de la frase sugiere la presencia de ambas ideas: que el remanente permanece leal al mensaje de Jesús, incluyendo el reconocimiento de que la salvación viene sólo por medio de la fe en él. Ellos creen que la ley y el evangelio no deben separarse uno de otro. Aquellos que han aceptado la salvación sólo a través de Cristo también guardan los mandamientos.

¡El plan de Dios triunfará, y nosotros somos parte de él!

---

[1] *El conflicto de los siglos*, pág. 707.

[2] G. B. Caird, *A Commentary on the Revelation of St. John the Divine* (Nueva York: Harper and Row, 1966), págs. 182, 183.

[3] Goppelt, *"Poterion"*, en *Theological Dictionary of the NT*, tomo 6, pág. 149.

El clímax de la expectativa apocalíptica: La esperanza bienaventurada

*U*n estudio hecho en Norteamérica en 1995 reveló que alrededor del 60 por ciento de la población creía que Cristo regresará a nuestro planeta. Esa fuerte creencia en la segunda venida que todavía existe en una sociedad que se está secularizando a pasos agigantados indica la relevancia continua de la esperanza cristiana. Fue la esperanza del regreso de Jesús lo que animó a miles de cristianos que estuvieron dispuestos a ir a la arena romana para enfrentarse con bestias salvajes o a convertirse en antorchas humanas durante los tiempos de persecución. Estaban dispuestos a morir antes que a abandonar su fe en la promesa que Jesús les había hecho: "Vendré otra vez, y os tomaré a mí mismo, para que donde yo estoy, vosotros también estéis" (Juan 14:3).

El cristianismo nunca ha olvidado la doctrina de la segunda venida. Sí, algunas veces se la ha enfatizado muy poco e incluso se la ha ignorado, pero nunca se la ha rechazado considerándola sin sentido. Prácticamente siempre ha sido un elemento de expectación en la iglesia cristiana; un anhelo de la manifestación escatológica de nuestro Salvador y Señor en gloria. Las diferentes opiniones respecto a la forma de ese evento, sin embargo, han hecho necesario en estos últimos días proclamar al mundo cómo regresará exactamente el Señor. Si las fuerzas del mal intentarán imitar la segunda venida de Cristo, entonces debemos tener un entendimiento bíblico claro de su naturaleza.

Jesús regresará personalmente

El Nuevo Testamento declara enfáticamente que quien viene es el mismo que regresó a la casa de su Padre. Jesús prometió a sus discípulos: "Vendré otra vez" (Juan 14:3). Esta importante declaración indica dos hechos. Primero, quien viene otra vez es el mismo que les habló, el que los llamó a ser sus discípulos. Él es el mismo que les enseñó y a quien vieron sanar al enfermo y consolar al oprimido hasta que murió en la cruz. Cristo les prometió que no enviaría a un representante para llevarlos con él, sino que él personalmente lo haría. Nadie más mediaría su relación con él; él mismo regresaría. Segundo, esa declaración expresa la certeza de su regreso. "Vendré otra vez" no es lo que el texto griego dice literalmente. En griego el verbo está en tiempo presente: "Vengo otra vez". Contextualmente el verbo expresa una acción futura pero la construcción griega que Jesús usó está en tiempo presente por una razón específica. Este tiempo —llamado presente futurista— enfatiza la certeza de la acción del verbo. Es tan seguro para Jesús que él regresará que usa el verbo en tiempo presente. La promesa declara que Jesús está absolutamente seguro de que él regresará por segunda vez.

Dos ángeles expresaron esa certidumbre durante la ascensión de Cristo, cuando dijeron a los discípulos: "Este mismo Jesús, que ha sido tomado de vosotros al cielo, así vendrá como le habéis visto ir al cielo" (Hech. 1:11). El Cielo quiere que entendamos que quien viene es el mismo que estuvo aquí antes. Cuando él regrese no enseñará un mensaje diferente ni promoverá un estilo de vida diferente, sino que reafirmará lo que ya nos enseñó e hizo por nosotros.

Jesús viene en gloria

Sin embargo, hay una diferencia entre el Jesús que estuvo con sus discípulos y el que viene: él viene "en la gloria de su Padre" (Mar. 8:38). Pedro dice que en la segunda venida habrá una "revelación de su gloria" (1 Ped. 4:13). Esa gloria está ahora oculta en el cielo, pero en la segunda venida Jesús la desplegará ante el ojo humano. Sólo unos cuantos de sus discípulos fueron testigos de la gloria de Cristo durante la transfiguración (Mat. 17:1-2), pero ahora todos la verán. Ésta es la gloria de su divinidad, porque quien viene es Dios: "Aguardando la esperanza bienaventurada y la manifestación gloriosa de nuestro gran Dios y Salvador Jesucristo, quien se dio a sí mismo por nosotros para redimirnos..." (Tito 2:13, 14).

La naturaleza de la segunda venida

La Escritura usa un lenguaje dramático y colorido para describir la segunda venida y el efecto que tendrá en la raza humana y en el planeta entero. Seremos testigos de la convergencia de la esfera de Dios y sus ángeles con la humana, resultando en una experiencia indescriptible de luz, sonido, movimiento y emoción. Cuando el Rey irrumpa en la existencia humana, todas las barreras que nos han separado de él quedarán desintegradas de manera permanente. Nuestro mundo quedará por siempre integrado con el divino.

Es mundialmente visible. La raza humana será testigo de una teofanía divina, la más gloriosa que el ojo humano haya visto jamás (Tito 2:13). Dios ha aparecido a los humanos en el pasado pero sólo a unos pocos y en un escenario geográfico particular. Pero ahora la manifestación de la presencia de Dios inunda todo el planeta de manera misteriosa y majestuosa. Todo ojo lo verá. Nadie podrá evitar esta manifestación imponente e inevitable de la gloria de Dios en Cristo (Apoc. 1:7; Mat. 24:30). La divinidad de Cristo circunda el planeta e ilumina cada uno de sus rincones. La tierra será literalmente invadida y dominada por su presencia.

Es angelical. Cristo no es un jinete (guardia montado) cósmico sino el Rey universal que regresa rodeado de millones de ángeles que cabalgan con él como un poderoso ejército (Mat. 25:31; Apoc. 19:11-16). La atmósfera de nuestro planeta parece encogerse como si tratara de hacerles lugar a las miríadas de ángeles que por siglos han ministrado en favor de los seres humanos en un mundo caracterizado por el sufrimiento, el dolor, el pecado y la muerte.

Es audible. El sonido caracterizará a la segunda venida de Cristo. El estruendo de la trompeta resonará a través del planeta, anunciando victoria y liberación (1 Tes. 4:16; 1 Cor. 15:52). Proclama la venida del Rey del universo para reclamar a nuestro planeta e incorporarlo a la unidad de su reino visible. Incapaz de controlarse a sí mismo, el pueblo de Dios prorrumpirá en alabanza y canto al Señor. Como un poderoso coro exclaman: "Éste es nuestro Dios, le hemos esperado, y nos salvará" (Isa. 25:9).

Es transformadora. Por encima de las exclamaciones de gozo se oirá la voz del Hijo de Dios como nunca antes en el planeta. Es la voz del Arcángel, el Príncipe de los ángeles, poderosa y penetrante (1 Tes. 4:16). Penetra hasta lo profundo de la tierra, estremeciéndola. Confrontadas por su Creador, las montañas tiemblan y el mar se convulsiona (Apoc. 6:12-14). Quizás esa es la forma en que le dan la bienvenida a su Creador, quien librará a la misma naturaleza del poder esclavizante del pecado (Rom. 8:19-21). Pero aún más importante, el Rey de reyes les habla a los que duermen en el polvo de la tierra, esperándole para que los despierte.

Quienes murieron con su fe puesta en la muerte meritoria del Hijo de Dios en la cruz resucitarán al momento de la segunda venida (1 Tes. 4:16). Es un acto de re-creación, pero no saldrán de la tumba de la manera en que entraron en ella: "Se siembra en corrupción, resucitará en incorrupción. Se siembra en deshonra, resucitará en gloria; se siembra en debilidad, resucitará en poder. Se siembra cuerpo animal, resucitará cuerpo espiritual" (1 Cor. 15:42-44). Los siervos de Dios que se hallen vivos cuando Cristo regrese también experimentarán una transformación gloriosa que extinguirá su naturaleza pecaminosa sin destruirlos a ellos. Dios eliminará el veneno del mal, y la naturaleza humana regresará a la condición que tenía cuando salió de las manos del Creador. ¡Este proceso quirúrgico que penetra en el mismo centro de nuestro ser, esta metamorfosis trascendental, ocurrirá "en un momento, en un abrir y cerrar de ojos, a la final trompeta" (vers. 52)! Luego lo corruptible será vestido de incorrupción y lo mortal de inmortalidad (vers. 53).

Reúne. Ese momento estará cargado de emociones nuevas y profundas. Los ángeles recorrerán aprisa el cielo, reuniendo al pueblo de Dios de un extremo del cielo al otro (Mat. 24:31). Es imposible imaginar el estado emocional de los redimidos al verse rodeados de ángeles y en la misma presencia de Jesús. Durante todo su peregrinaje en este planeta anticiparon por fe lo que ahora observan sus ojos, y todo su ser reboza con el gozo de la salvación. Nada volverá a separarlos de su Salvador. La re-unión con Cristo será al mismo tiempo un re-encuentro con amigos y familiares separados por la muerte. Se abrazan unos a otros en expresiones de amor que durarán por siempre, porque ese día la muerte misma morirá para ellos y la unión permanente reemplazará a la separación (1 Cor. 15:54-56).

Trae juicio. Pero el cuadro tendrá su lado oscuro. Para quienes escogieron la oposición a Dios y negaron la necesidad de su presencia en sus vidas, el regreso de Cristo como Rey será una experiencia traumática (Mat. 24:30). Experimentarán un angustioso dolor al darse cuenta de que su separación de Dios es permanente y definitiva. Su agonía es intensa porque no participarán en el gozo de la re-unión. Sus gritos llenan el aire mientras que buscan desesperadamente esconderse de la presencia ineludible de Jesús (Apoc. 6:15-17). Gritan en vano porque no existe tal refugio. Misericordiosamente, el resplandor de la gloria de Cristo le pone fin a su miserable existencia (2 Tes. 2:8). La intensidad del amor de Dios es demasiado para su existencia egoísta y acaba con ella.

Nos lleva a casa. Mientras tanto los redimidos se elevarán a los cielos para encontrar al Señor y comenzar su viaje a casa (1 Tes. 3:16, 17). Jesús les dijo a sus discípulos: "En la casa de mi Padre muchas moradas hay... voy, pues a preparar lugar para vosotros... para que donde yo estoy, vosotros también estéis" (Juan 14:2, 3). Ahora él cumplirá esa promesa, y juntos él y los redimidos viajarán a la morada de Dios, donde el Padre les dará la bienvenida a la familia celestial (Apoc. 7:9-17).

Disfrutando lo inconcebible: Isaías 35

Sabemos poco sobre cómo será la vida en el cielo pero lo poco que sabemos nos hace esperarla ansiosamente. El lenguaje humano no puede expresar completamente el nuevo orden de cosas. ¿Cómo podremos concebir la armonía perfecta si todo lo que conocemos es disonancia? ¿Cómo podremos definir una vida libre de pecado si la que tenemos está llena de tendencias y actos pecaminosos? Lo mejor que podemos hacer ahora es describir la vida celestial en términos de negaciones; es decir, lo que no será: "Enjugará Dios toda lágrima de los ojos de ellos; y ya no habrá muerte, ni habrá más llanto, ni clamor, ni dolor; porque las primeras cosas pasaron" (Apoc. 21:4). ¿Qué reemplazará todo eso? ¡Plenitud de vida y gozo!

Isaías 35 describe los cambios radicales que ocurrirán en la naturaleza y en la humanidad al momento cuando el reino divino se haga visible dentro del reino humano. El profeta usa un lenguaje poético para expresar lo que está más allá de nuestro cabal entendimiento.

Transformación de la naturaleza física (Isa. 35:1, 2). Isaías comienza con la transformación de la naturaleza (Isa. 35:1, 2). Él vio una explosión de gozo y alegría en el mundo natural. Aquellos lugares caracterizados por la ausencia de plenitud de vida —el desierto, el páramo, la tierra reseca y estéril— se regocijarán. Ahora poseen la gloria del Líbano y el esplendor del monte Carmelo al brotar en ellos la vida. ¿Qué es lo que produjo ese drástico cambio, esa maravillosa transmutación, en el mundo natural? Alguien vino a visitarla y ésta experimentó una epifanía divina. El Señor apareció en los lugares de muerte e infertilidad, y cuando ellos vieron su gloria, cambiaron radicalmente. La presencia poderosa de Dios transformó la naturaleza y la llenó de gozo y alegría.

Transformación de la naturaleza humana (Isa. 35:3-7). Del impacto de Dios sobre el mundo natural el profeta pasa a la condición de la raza humana (vers. 4-7). La humanidad también ha perdido plenitud de vida. La Escritura describe sus manos —símbolo de poder y creatividad— como endebles. Las rodillas —símbolo de la habilidad para moverse, viajar y estar en pie— están tan débiles que están a punto de doblarse de cansancio bajo el peso del predicamento humano. El temor —a un futuro incierto, a la muerte y a la desorientación— embarga los corazones humanos porque no saben su destino final, su meta en la vida. Para ellos Dios tiene una palabra de consuelo: "Esforzaos, no temáis". El camino puede ser duro y difícil pero espere, anímese, no permita que el temor lo paralice, porque ¡algo maravilloso está a punto de ocurrir!

Una epifanía divina está a punto de ocurrir, la cual transformará todo. La misma aparición divina que transformó la naturaleza derrotará a los enemigos de Dios y traerá salvación a su pueblo. Mientras que la presencia divina destruye las fuerzas del mal que acortan y amenazan la vida en nuestro planeta, también tiene un propósito salvífico. Libera a la naturaleza humana de los efectos del pecado. La venida del Señor revive a la raza humana débil y temerosa y la restaura a su prístina condición de la creación original de Dios. Entonces los ciegos verán el esplendor y la gloria del Señor. Los oídos de los sordos se abrirán para escuchar el sonido de la presencia de Dios. El poder de Dios habilitará a los cojos para saltar como venados, y los mudos se unirán al mundo natural para dar voces de gozo. ¡Éste es el gozo producido por la visión del Señor en toda su gloria!

Camino de santidad (Isa. 35:8, 9). El profeta vio un mundo nuevo y rejuvenecido. Liberado del temor y la amenaza de muerte y enfermedad, los seres humanos pueden ser ahora todo lo que Dios quiso. Ese mundo renovado tiene una avenida llamada "Camino de Santidad". Mientras que en la tierra el pueblo de Dios transitó por el camino angosto, ¡ahora éste se ha convertido en una avenida! Jesús dijo: "Yo soy el camino". Él siempre ha sido el Camino de Santidad, y por la eternidad continuará siendo el fundamento de nuestra santidad.

La naturaleza del gozo (Isa. 35:10). El gozo es difícil de conceptuarse; particularmente el tipo de gozo que describe el profeta. Aquí se presenta un nuevo modo de existencia, no la reacción emocional fugaz a algún placer efímero. El gozo que ahora conocemos es temporal y limitado. La tristeza y el dolor generalmente lo reemplazan pronto. Pero Isaías describe el gozo como una experiencia permanente, el cual determinará y poseerá la existencia humana en el nuevo mundo. Pareciera que lo que el profeta llama gozo reemplazará a la maldad de nuestra naturaleza caída. Sea lo que fuere esa experiencia indescriptible, ciertamente incluirá plenitud de vida en la presencia visible de nuestro Creador y Redentor. Nadie puede anticipar lo que será vivir por la eternidad con él.

La esperanza preserva la existencia humana. El corazón humano alberga muchas esperanzas, pero cada uno de nosotros necesita una esperanza completa, una que funcione como el centro de nuestras vidas en este mundo. La Biblia la identifica como la esperanza bienaventurada de Cristo el que vino, murió por nosotros en la cruz, intercede actualmente por nosotros en el santuario celestial y pronto regresará para llevarnos a casa, terminando con el conflicto cósmico. Es tal esperanza la que le provee significado a nuestra existencia y nos da el ánimo que necesitamos para enfrentar el futuro. Pronto pasaremos del reino del pecado al misterio de un nuevo mundo, completamente libre de su presencia y efectos. ¡Oh, qué maravilloso día será aquél!

Preparación para la consumación apocalíptica

¿Cómo podemos prepararnos para la experiencia más gloriosa que cualquier ser humano jamás haya tenido? ¿Cómo podemos anticipar lo que habrá en ese momento más allá de nuestra total comprensión? ¿Cómo podemos alistarnos para atravesar el umbral de la eternidad, hacia una unión permanente y visible con nuestro Dios y Salvador? Nuestra preparación para el cielo es la obra de Cristo en nuestro corazón a través de la actividad del Espíritu, y todo lo que necesitamos hacer es estar dispuestos a permitir que él la haga. Pero incluso si no sentimos la necesidad de estar listos, podemos pedirle a Dios que nos dé disposición y entonces él pondrá el deseo en nuestro corazón. No debiéramos olvidar que la guerra entre el bien y el mal también ruge en nuestro corazón, y que es Cristo quien toma la iniciativa de llamarnos a unirnos a él durante el conflicto cósmico. Por naturaleza nos encontramos del lado del mal y en rebelión contra Dios. Por lo tanto, a fin de estar listos para encontrar a nuestro Señor que viene en gloria, debemos permitirle que nos libere del poder esclavizante del pecado.

Liberados por Cristo

La derrota del dragón por Cristo en la cruz ha hecho posible que cada ser humano escape del poder del pecado. No hay razón para que alguien permanezca como esclavo del pecado, porque Cristo hizo amplia provisión en la cruz para su liberación. Pero él hizo algo más: envió al Espíritu para trabajar en los corazones de los pecadores, para invitarlos a aceptar el don de la libertad y la salvación que Cristo tiene para ellos. El Espíritu obra en los corazones de todos aun antes que ellos se den cuenta de que era el Espíritu el que los estaba atrayendo a Cristo. Él obra quedamente, quizás imperceptiblemente, despertando nuestra conciencia y revelándonos nuestra verdadera condición. No puede haber sanidad si no hay consciencia de la seriedad de nuestra enfermedad. Para estar espiritualmente sano debemos tener una dolorosa comprensión de que en verdad somos pecadores en un estado de alienación de Dios, en dirección hacia la extinción eterna. Si alguna vez ha sentido la necesidad de mejorar su vida —de que hay algo espiritual y moralmente incorrecto en su vida— entonces usted ha experimentado la presencia y el toque amante del Espíritu en su vida. Él quiere que nos demos cuenta de que necesitamos ayuda. Muchos ahogan esa obra de gracia en sus corazones por medio de la incredulidad o la intranquilidad, a través de las experiencias excitantes que el mundo ofrece, o a través de la total indiferencia de la naturaleza mala que nos caracteriza. Pero el Espíritu busca confrontarnos con nuestra verdadera condición, y tarde que temprano alcanzará a todos. Sólo es cuestión de tiempo.

La manera en que reaccionamos a la influencia del Espíritu en nuestro corazón pecaminoso determinará si estamos dispuestos a unirnos a Cristo en su guerra del tiempo del fin contra el dragón o si permaneceremos bajo el poder esclavizante del pecado. Quienes permitan que el Espíritu los atraiga a Cristo cambiarán de señorío y experimentarán el poder liberador y transformador de la cruz. Ellos son aquellos que, al ser confrontados con su impureza existencial, la reconocen y claman a Dios pidiendo un cambio radical en sus vidas. A través de la confesión y el arrepentimiento, el alma reconoce su alejamiento de Dios y de otros y el dolor que le causó a Dios, a otros y a sí misma. Encuentra en Cristo un nuevo poder que reorienta y enriquece la vida. El alma se vuelve a Cristo como la única esperanza de re-creación y renovación; y Jesús no la rechaza.

El arrepentimiento debiera resultar en un compromiso personal y permanente con el Señor manifestado a través del rito del bautismo. El bautismo nos une con Cristo y su muerte (Rom. 6:3). Expresa públicamente el hecho de que creemos que la muerte de Jesús es nuestra muerte, que él murió en nuestro lugar. Cuando somos bautizados también participamos espiritualmente en la resurrección de Jesús. Salimos del agua dotados por el Espíritu con libertad para vivir una nueva vida en armonía con los principios del reino celestial. Esta declaración pública de fe es una parte indispensable de nuestra preparación para encontrarnos con nuestro Señor en su regreso.

Justificación y nuevo nacimiento

A través de la fe en Jesús somos aceptados por el Padre, porque en él Dios pagó la penalidad por nuestro pecado. Esto es justificación por la fe. Dios puso nuestro pecado y sus consecuencias sobre Jesús y él murió en nuestro lugar y nos redimió (2 Cor. 5:21; Mar. 10:45). Cuando creemos que Cristo recibió lo que nosotros merecíamos —de hecho, lo que era nuestro— y nos arrepentimos y confesamos nuestros pecados, somos reconciliados con Dios y declarados justos por él (Rom. 3:22- 24). Nuestra salvación es obra de Dios de principio a fin. En la cruz él proveyó los medios de salvación, y a través de la obra del Espíritu él crea en nuestros corazones la necesidad de buscar al Señor y de esa forma nos guía al arrepentimiento, la confesión y la conversión. Es el Espíritu el que nos lleva a Cristo, en quien somos justificados por la fe.

En el mismo momento en que Dios nos justifica y acepta, el Espíritu también nos bautiza. Nuestra recepción del don del Espíritu significa que pertenecemos a Dios; es decir, que somos santos. Pero también significa que hemos nacido nuevamente. Nuestro nacimiento natural nos trajo a un mundo controlado por el pecado y la muerte; éramos pecadores por naturaleza. El nuevo nacimiento significa que ya no pertenecemos a esa antigua humanidad, sino a una nueva humanidad iniciada por Cristo. Es una humanidad en paz con Dios, reconciliada con Dios, y unida a él por la fe en Cristo. *Nadie nace automáticamente en esta nueva humanidad sin nacer nuevamente de arriba, de Dios* (Juan 1:13). Sólo quienes han nacido de nuevo son verdaderamente hijos e hijas de Dios (Juan 3:6).

El nuevo nacimiento es un milagro de la gracia que excluye, por su misma naturaleza, la participación e iniciativa humana. Es un nuevo nacimiento espiritual que ocurre en el centro volitivo y racional de nuestro ser: el corazón. Quienes aceptan la invitación del Espíritu a someter amorosamente sus corazones a Cristo experimentarán el misterio del nuevo nacimiento. Lo que ocurre en ese momento en el centro de nuestra personalidad es impenetrable y misterioso. Sólo podemos decir que el Espíritu atraviesa nuestra naturaleza pecaminosa para llegar al mismo centro de nuestra existencia. Él nos trae paz, acabando con nuestra enemistad con Dios (Rom. 5:1). De una manera misteriosa, el Espíritu vence nuestro egoísmo y derrama el amor de Dios en nuestros corazones (vers. 5). Al ser partícipes de la naturaleza divina (2 Ped. 1:4), somos nuevas criaturas, libres del poder esclavizante del pecado (Rom. 6:18). Como resultado, ya no estamos más en Adán sino en Cristo, no más pertenecemos a una humanidad caracterizada por el pecado y la muerte sino a Cristo. Esta experiencia personal y reconciliadora implanta en nuestros corazones nuevos deseos en armonía con la voluntad de Dios, algo que era imposible antes.

El nuevo nacimiento no es una experiencia mística que borra nuestra individualidad. Puede ocurrir calladamente, o puede ser más emocional. Pero es el comienzo del caminar cristiano con el Salvador. Ahora el Espíritu nos capacita para vivir como nuevas criaturas controladas por el amor de Dios (2 Cor. 5:14) y por el egoísmo que caracteriza a los nacidos sólo de carne y sangre. Los principios implantados por el Espíritu debieran entonces controlar nuestras vidas diariamente, y a través de ese poder debiéramos comenzar a desarrollar y reflejar los valores y la belleza de la familia cristiana. Podríamos incluso decir que el Espíritu nos regenera diariamente a la semejanza del Salvador.

Crecimiento en Cristo

La vida cristiana es un constante crecimiento en la gracia de Dios. La gracia dio inicio a nuestra relación con el Señor, y ahora la gracia la preserva (Heb. 13:20, 21). En la conversión comenzamos un viaje con nuestro Señor en el que caminamos diariamente con él y somos transformados a su semejanza. Tal es la respuesta natural de amor y gratitud de quienes han experimentado el poder salvador de la muerte de Cristo. Nunca debiéramos considerar nuestro desarrollo espiritual y moral como medios a través de los cuales logramos la salvación o se completa la obra salvadora de Cristo. Ellos son más bien la evidencia objetiva de que hemos sido salvados y justificados por Cristo únicamente. La ausencia de esa evidencia revelaría que todavía estamos fuera del reino salvador de Cristo a pesar de lo que digamos. Jesús se comparó a sí mismo a una vid y comparó a sus seguidores con las ramas sobre las cuales deben crecer los frutos, las uvas. La rama lleva fruto mientras permanece unida y nutrida por la misma vid. "Como el pámpano no puede llevar fruto por sí mismo, si no permanece en la vid, así tampoco vosotros, si no permanecéis en mí" (Juan 15:4).

Permanecemos unidos a Cristo cuando nos sometemos a su voluntad revelada. De hecho, la santificación es nuestra sumisión humilde y amorosa a la amante voluntad de Dios: "Si me amáis, guardad mis mandamientos" (Juan 14:15). Tal sumisión presupone un posible conflicto de voluntades —la de Dios y la nuestra— pero muestra que estamos dispuestos a expresar abnegación al reconocer la sabiduría y el amor de Dios comunicado a través del llamamiento que nos hace a la obediencia. Pero la obediencia es más profunda todavía. Si nuestra obediencia depende de nuestra unión con Cristo a través del Espíritu, entonces será simplemente un vehículo a través del cual Dios expresa su amor a otros. Cuando nosotros le obedecemos, él nos está usando —nuestros cuerpos, mentes y habilidades— para tocar a otros con su amor. La obediencia es una disposición espiritual que consiste en poner nuestras vidas ante Dios para que él las use conforme él quiera y que sea para su gloria. Sí, nuestra voluntad está involucrada, pero ésta consiste en decidir obedecerle a él y en reafirmar esa decisión. El Espíritu provee el poder que necesitamos para permanecer unidos a Cristo.

Nuestra comunión con Cristo nos mantiene unidos a él. Los que desean tener un cuerpo fuerte necesitan hacer ejercicio físico diariamente; de otra forma la grasa se acumula y los músculos pierden su fuerza y flexibilidad. El aspecto espiritual de nuestra vida como criaturas inteligentes requiere constante nutrición y ejercicio para mantenerse en condiciones óptimas. Necesitamos un programa diario de ejercicios espirituales que nos ayudarán a mantener una conexión saludable con nuestro Salvador. Éste debiera incluir comunión a través de la oración y del estudio de la Palabra y por medio de nuestra disposición para permitir que el Señor nos use para servir a otros en su necesidad y/o para compartirles nuestra fe. Compartir nuestra fe con otros la fortalece y nos ayuda a entenderla mejor. Un programa de comunión tal con el Señor podría ser privado y personal, pero las parejas con hijos podrían convertirlo en una actividad familiar que beneficiará grandemente a nuestras generaciones futuras. Quienes esperan al

Señor y se preparan para la segunda venida continuarán creciendo en la gracia por medio de la comunión con él.

Peligros en el camino

Formalismo religioso. Nuestro mundo nos mantiene tan activos y ocupados que difícilmente tenemos tiempo y energía para seguir creciendo en la gracia y el conocimiento de nuestro Salvador. El riesgo que enfrentamos como miembros del remanente de Dios es que nuestra experiencia religiosa llegue a ser formal y superficial, carente de profundidad. En otras palabras, nos hallamos frente a la tentación de profesar una relación de fe con Jesús y no vivir a la altura de ella; profesar creer algo y no ponerlo en práctica. Según lo indica el mensaje a la iglesia de Laodicea (Apoc. 3:14-22), éste puede ser uno de los mayores retos que enfrentamos hoy.

El mensaje a Laodicea está dirigido a los miembros de iglesia que creen honestamente que poseen todo lo necesario para su vida espiritual. Ellos confunden el hecho de saber acerca de algo con el conocimiento personal y el compromiso total con lo que saben. Aunque han oído el mensaje de verdad han fallado en apropiarse de él. "Como pueblo, estamos triunfando en la claridad y fuerza de la verdad. Somos plenamente sostenidos en nuestra posición por una abrumadora cantidad de claros testimonios bíblicos. Pero somos muy deficientes en humildad, paciencia, fe, amor, abnegación, vigilancia y espíritu de sacrificio... No es suficiente el simple hecho de profesar creer la verdad".* Pretender que hemos sido justificados por la fe sin mostrar la evidencia de ello, tal como se refleja en una vida de obediencia y compromiso total con el Salvador, no tiene sentido. Es equivalente a decir: "Yo soy rico, y me he enriquecido, y de ninguna cosa tengo necesidad", cuando la verdad es que "eres un desventurado, miserable, pobre, ciego y desnudo" (Apoc. 3:17). El mensaje cristiano debiera controlar nuestro corazón y encarnarse en lo que pensamos, planeamos y hacemos. Debiera acompañarnos a dondequiera que vamos y determinar la manera en que nos relacionamos con otros y con todo lo que la sociedad nos ofrece. Debemos permitir que el Espíritu transfiera los valores y principios de nuestras convicciones religiosas al lugar de trabajo, a nuestra vida social y a nuestros momentos privados. De otra manera sólo tenemos una profesión externa de fe. Estar listo para la venida del Señor es comenzar a vivir aquí en la tierra la clase de vida que disfrutaremos en el reino de Dios.

Desánimo espiritual. Quienes esperan al Señor deben perseverar a fin de ser vencedores (Mat. 24:13). El largo peregrinaje desanima a algunos. Pablo, al confrontar a una congregación que pasaba por una situación similar, escribió: "Levantad las manos caídas y las rodillas paralizadas" (Heb. 12:12); en otras palabras: "¡Sigan caminando; el peregrinaje aún no ha terminado!" "Porque aún un poquito, y el que ha de venir vendrá, y no tardará" (Heb. 10:37). Hemos observado cuánto énfasis pone el libro de Apocalipsis en la necesidad de perseverar, de esperar en Jesús a pesar de cualquier oposición y tribulación. Debido a que estamos involucrados en una guerra espiritual del lado de Cristo, somos el blanco del ataque enemigo. El enemigo nos bombardea constantemente con propaganda pecaminosa, esperando desanimarnos o separarnos de nuestra unión con el Salvador. Nos ataca personalmente, tentándonos a dudar de la dirección de Dios en nuestras vidas. En la iglesia, él busca convencernos de que Dios no nos ha dado un mensaje y una misión para el tiempo del fin. Algunos de los que han caído por el desánimo y la frustración se han tornado airadamente contra la iglesia, convirtiéndose en nuestros enemigos. Sí, el dragón tiene guerra con el remanente, haciendo todo cuanto puede para dividir y desanimar a los santos a fin de conquistarlos. Necesitamos perseverar y establecernos firme y profundamente en la verdad que Dios nos ha confiado.

El remanente triunfará

Los ataques del dragón no serán capaces de derrotar al remanente. Amenazarán su existencia pero no podrán erradicarlos de la faz de la tierra. ¡Un grupo de seres humanos estará listo para encontrar al Señor viniendo en gloria! De hecho, no somos una especie en peligro de extinción.

Los ornitólogos nos dicen que en 1860 los Estados Unidos de América tenían 9 millones de palomas migratorias norteamericanas. Los humanos comenzaron a cazarlas a gran escala, usando sus plumas para relleno de colchones, algunas de las partes interiores de las aves para propósitos medicinales, y la carne para comer. Muchas aves perecieron en competencias de tiro. ¿El resultado? Hasta el 1 de septiembre de 1914 el zoológico de Cincinnati contaba con la única paloma silvestre que quedaba. La llamaron Marta. Durante 14 años habían ofrecido mil dólares a quien le trajera una pareja, pero no se encontró ninguna. El 1 de septiembre, a la 1:00 de la tarde, la paloma silvestre murió, y con ella su especie.

Esa no será la experiencia del pueblo remanente de Dios. El Señor preservará a la raza humana mediante un remanente fiel. De hecho, Dios ya ha preservado un remanente de la raza humana a través de su Hijo. Él se hizo hombre, un miembro de la familia humana, y Dios lo llevó al trono celestial fuera del alcance del dragón porque él ya lo venció una vez y para siempre. Piense en esto. Si todos los seres humanos del pasado, del presente y del futuro rechazaran la salvación que les ha sido ofrecida mediante Cristo —si todos ellos perecieran— aún así la raza humana no se extinguiría eternamente del universo. ¡El Hijo de Dios permanecería por siempre como la encarnación del remanente de Dios del planeta tierra! ¡Él es un ser humano y lo será por las edades eternas! Pero la buena noticia es que el Hijo de Dios tiene muchos hermanos y hermanas que por medio de él vencerán al dragón. Ellos también serán preservados y formarán parte del pueblo remanente de Dios sobre la tierra. A través de ellos la raza humana sobrevivirá por la eternidad.

Las profecías apocalípticas apuntan hacia ese futuro glorioso de perfecta armonía, en un nivel cósmico, bajo el liderazgo pacífico y amoroso de un Dios que estuvo dispuesto a hacerse hom-

bre y morir a fin de preservar un fragmento pecaminoso y rebelde de su inmensa creación. A pesar de su aparente pesimismo, las
profecías apocalípticas ofrecen una perspectiva fundamental y
esencialmente positiva para la raza humana. Ellas indican que
nuestra más profunda necesidad de restauración y liberación de
la enfermedad del pecado será una realidad. Es esta perspectiva
esencialmente positiva la que infunde esperanza en los corazones
de millones de individuos que esperan ansiosamente el completo
cumplimiento de dichas profecías. Quienes salgan vencedores
experimentarán el gozo indescriptible de una esperanza que no se
acabará, y pasarán la eternidad alabando a Dios y al Cordero por
su misericordia e insondable amor. Todos debiéramos estar allí.

---

* *Joyas de los testimonios*, tomo 1, págs. 328, 329.

GUÍA DE ESTUDIO DE LA BIBLIA PARA LA ESCUELA SABÁTICA EDICIÓN PARA ADULTOS
JUL. AGO. SEPT. 2001
Pilares de nuestra Fe
PRECIO EN LA REPÚBLICA MEXICANA $10.00
GUÍA DE ESTUDIO DE LA BIBLIA PARA LA ESCUELA SABÁTICA EDICIÓN PARA ADULTOS
OCT. NOV. DIC 2001
Amós
Buscadme y Viviréis
IGLESIA ADVENTISTA DEL SÉPTIMO DÍA

¡OFERTA!

Camino a Cristo
(Edición Bolsillo)

y

Fe de Jesús:

A sólo:
$1.50
C /ejemplar

¡Adquiera estos materiales en la sucursal o almacén más cercano a su localidad!